MUSÉE DES ARTS DÉCORATIFS

PALAIS DES TUILERIES

PAVILLON DE FLORE

TABLEAUX

ANCIENS ET MODERNES

EXPOSÉS AU PROFIT

DU

MUSÉE DES ARTS DÉCORATIFS

PREMIÈRE SÉRIE

PARIS

Imprimerie de la Société anonyme de Publications Périodiques

P. MOUILLOT

13, Quai Voltaire, 13

Août 1878

TABLEAUX

ANCIENS ET MODERNES

EXPOSÉS AU PROFIT

DU

MUSÉE DES ARTS DÉCORATIFS

AVIS IMPORTANT

D'après le règlement du Musée des Arts décoratifs, la direction peut organiser, au profit de l'œuvre, des expositions temporaires de tableaux et d'objets d'art qui feront passer sous les yeux du public les principaux chefs-d'œuvre des galeries privées.

La présente exposition de tableaux anciens et modernes dont voici le catalogue n'est que le commencement d'une série.

Le Musée des Arts décoratifs proprement dit, avec ses collections techniques que l'on prépare actuellement d'après le plan développé ci-après, ne sera ouvert qu'après la clôture de l'Exposition universelle.

MUSÉE DES ARTS DÉCORATIFS

PALAIS DES TUILERIES

PAVILLON DE FLORE

TABLEAUX

ANCIENS ET MODERNES

EXPOSÉS AU PROFIT

DU

MUSÉE DES ARTS DÉCORATIFS

PREMIÈRE SÉRIE

PARIS

Imprimerie de la *Société anonyme de Publications Périodiques*

P. MOUILLOT

13, Quai Voltaire, 13

Août 1878

PRÉFACE

BUT DU MUSÉE

La France possède depuis longtemps, dans les industries qui relèvent de l'art, une suprématie que les nations étrangères, justement préoccupées de leurs intérêts, s'efforcent de lui disputer. L'Exposition universelle de 1878 nous révèle une fois de plus les puissants moyens mis en œuvre par l'Angleterre, par l'Autriche, par la Belgique, par l'Amérique, pour relever dans ce but le niveau de l'instruction chez leurs ouvriers et leurs artistes.

Il est donc grand temps pour nous d'étudier, avec la même ardeur que nos rivaux, une question vitale qui intéresse la prospérité matérielle de notre pays aussi bien que sa gloire. L'avance considérable que nous possédons encore, grâce à notre goût naturel, pourrait, en effet, se trouver insensiblement perdue, si la France ne se préoccupait, dès aujourd'hui, de développer chez ses ouvriers, ses artistes, ses fabricants, ses amateurs, en un mot chez tous ceux qui achètent comme chez tous ceux qui vendent, chez tous ceux qui commandent comme chez tous ceux qui créent, les dispositions particulièrement favorables qu'elle doit à son génie propre et à l'ensemble de ses traditions laborieuses.

La création d'un établissement qui, sous le nom de *Musée des Arts décoratifs*, rassemblerait tous les moyens d'étude réclamés par les industries d'art (collections de chefs-d'œuvre, collections techniques, bibliothèques, cours, conférences, prêts de modèles) semble tout d'abord la plus utile pour atteindre le double but qu'on doit se proposer, c'est-à-dire le progrès du goût public et l'instruction des producteurs.

ORGANISATION

DE LA SOCIÉTÉ FONDATRICE DU MUSÉE

C'est pour réaliser cette pensée que s'est formée l'Association du *Musée des Arts décoratifs* par acte passé par-devant Mes Segond et Aumont-Thiéville, notaires à Paris, le 27 avril 1877. Elle a reçu les autorisations de l'autorité compétente qui a approuvé ses statuts.

Cette Association n'a aucun caractère commercial; ses membres déclarent renoncer à tout bénéfice et ne vouloir s'imposer que des obligations dans un intérêt général. D'après l'article 3 des statuts, dans le cas où l'Association cesserait d'exister, tous les objets d'art qu'elle aurait réunis *feraient retour à l'État* et deviendraient *propriété nationale.*

Cette Association est composée :
1° D'un *Comité de patronage ;*
2° D'un *Comité directeur* dont les membres, au nombre de trente, seront renouvelés, après cinq ans d'exercice ;
3° Des *Membres fondateurs* qui, réunis en assemblée générale, nommeront tous les cinq ans les membres du Comité directeur.

Il n'a pas paru nécessaire de former une Société dont la constitution permît de faire tous les actes commerciaux, inhérents au fonctionnement de l'Association.

Cette Société, en effet, existait déjà ; elle avait prouvé sa bonne organisation, et rendu de tels services à la cause de l'enseignement populaire des arts décoratifs qu'il y avait autant d'honneur que de profit à lui demander son concours.

La Société de l'*Union centrale des Beaux-Arts appliqués à l'Industrie* a répondu avec empressement à cet appel. Son Conseil d'administration et le Comité directeur se sont mis d'accord pour mener, de concert, l'entreprise, et le *Musée des Arts décoratifs* sera, en réalité, leur œuvre commune.

COMITÉ DE PATRONAGE

PRÉSIDENT D'HONNEUR

M. LE DUC D'AUDIFFRET-PASQUIER, Président du Sénat.

PRÉSIDENTS HONORAIRES

PHILIP CUNLIFFE OWEN, esq. C. B., Directeur du *South Kensington Museum* et Secrétaire général de la commission anglaise de l'Exposition universelle de 1878.

SIR RICHARD WALLACE, *baronet*, membre du Parlement.

PRÉSIDENTS

M. LE MARQUIS DE CHENNEVIÈRES, Directeur honoraire des Beaux-Arts.

M. EDOUARD ANDRÉ, Président de l'*Union centrale des Beaux-Arts appliqués à l'Industrie*, membre de la Commission supérieure de l'Exposition universelle de 1878.

VICE-PRÉSIDENTS

* M. LE DUC DE CHAULNES.

M. ADRIEN DUBOUCHÉ, directeur du Musée céramique de Limoges.

* M. EUGÈNE GUILLAUME, membre de l'Institut, directeur des Beaux-Arts, membre de la Commission supérieure de l'Exposition universelle de 1878.

M. FERDINAND DUVAL, préfet de la Seine.

* M. LE VICOMTE DE GANAY.

M. EDOUARD REYNART, administrateur des Musées de Lille.

M. ENGEL DOLFUS, manufacturier.

SECRÉTAIRE GÉNÉRAL

M. EUGÈNE VÉRON, directeur de l'*Art*.

(*) Les membres du Comité de patronage dont les noms sont précédés d'un astérisque, font en outre partie du Comité directeur.

MEMBRES

MM.

ABADIE, architecte, membre de l'Institut.

ABOUT (Edmond), homme de lettres.

ALPHAND, inspecteur général des ponts et chaussées, directeur des travaux de la ville de Paris.

ABZAC DE MAYAC (le général marquis d'), aide de camp de M. le maréchal de Mac-Mahon, duc de Magenta, Président de la République.

ARMAILLÉ (le comte d'), membre de la Commission de l'exposition historique de l'Art ancien à l'Exposition universelle de 1878.

ARNOULD (Charles), membre de la Commission de l'exposition des Colonies au Ministère de la Marine.

AUGIER (Émile), de l'Académie française.

AUMALE (le duc d'), de l'Académie française.

* BALLU (Théodore), architecte, membre de l'Institut.

BAPST, membre du Syndicat de la Presse.

BARDOUX, ministre de l'Instruction publique, des Cultes et des Beaux-Arts.

BAUDRY (Paul), membre de l'Institut.

BÉHAGUE (Octave de).

BELVALETTE, fabricant de voitures.

BÉNILAN (Théodore), banquier, ancien membre du Tribunal de commerce de la Seine.

BÉRAUDIÈRE (le comte de la).

BERCHOUD (Léon), propriétaire de la manufacture de tapisseries de Belleville.

* BERGER (Georges), professeur à l'Ecole nationale des Beaux-Arts, directeur des sections étrangères de l'Exposition universelle de 1878.

BESNARD (Ulysse), directeur du Musée de Blois.

BEURDELEY (A.), membre de la Commission de l'exposition historique de l'Art ancien à l'Exposition universelle de 1878.

BEURNONVILLE (de).

* BIENCOURT (le marquis de).

BINDER (Louis), conseiller général de la Seine, membre de la Commission supérieure de l'Exposition universelle de 1878.

BLIGNY.

BOCHER, sénateur.

* BOCHER (Emmanuel), homme de lettres.

BONNAFFÉ (Edmond).

* BOUCHERON (F.), bijoutier.

BOULENGER (H.), propriétaire de la faïencerie de Choisy-le-Roi.

BROUTY, architecte.

MM.

CASTELLANI, joaillier.
CAVAILLÉ-COLL (Aristide), facteur d'orgues.
CAVELIER (Jules), statuaire, membre de l'Institut.
CHAPU (Henri), statuaire.
CLÉMENT DE RIS (le comte), conservateur du Musée de Versailles.
COMYNS CAR. (J.-W.), directeur de l'*Art* pour l'Angleterre.
CORMONA.
COSTEL (Martin), consul général des Pays-Bas.
CZARTORISKY (le prince).
* DALLOZ (Paul), membre du Syndicat de la Presse.
DARCEL (Alfred), administrateur de la Manufacture nationale des Gobelins.
DAVILLIER (le baron)
DECK (Th.), céramiste.
DELAHERCHE (Alexandre), à Beauvais.
DELAMOTTE, banquier.
DELAPLANCHE (Eugène), statuaire.
DELATOUR (Alfred), de la maison Lacarrière frères, Delatour et Cie.
DENUELLE, président de la XIe classe de l'Exposition universelle de 1878.
* DE SAUX, ancien ministre plénipotentiaire.
DESTAILLEURS (H.), architecte.
DEVILLE (J.), membre du Tribunal de commerce de la Seine, président honoraire de la Chambre syndicale de la Tapisserie.
DOMMARTIN (F.), ancien membre du Tribunal de commerce de la Seine, membre du Jury des Expositions universelles de 1867 et de 1878.
DUBOIS (Paul), membre de l'Institut, directeur de l'École nationale des Beaux-Arts.
DUBUFE (Édouard), artiste peintre.
DUPLESSIS (Georges), conservateur au département des estampes de la Bibliothèque nationale.
* DUPONT-AUBERVILLE (A.)
DUPRÉ (Jules), artiste peintre.
DURAND-DASSIER.
DUVAL (Antonin), de la maison Jaudin et Duval, à Lyon.
FEIL (Charles).
* FOURDINOIS (H.), fabricant d'ameublements.
GANAY (le marquis de).
GASTINNE-RENETTE, arquebusier.
GAUCHEREL (Léon), artiste peintre et graveur, membre du Jury de l'Exposition universelle de 1878.

MM.

* GÉRARD (le baron).
* GÉROME (Léon), membre de l'Institut.
GONSE (Louis), rédacteur en chef de la *Gazette des Beaux-Arts*.
GOUNOD (Charles), membre de l'Institut.
GRAUX (Jules), fabricant de bronzes.
GRÉARD, membre de l'Institut, inspecteur général de l'instruction publique.
GRÉAU (Jules), membre de plusieurs sociétés savantes.
* GREFFÜLHE (le comte Charles).
GREFFÜLHE (le comte Henri), sénateur.
GROHÉ (G.), fabricant de meubles.
GRUEL-ENGELMANN, relieur.
GRUYER, membre de l'Institut.
HAFFNER (Pierre), manufacturier.
HALANZIER, directeur de l'Académie nationale de Musique.
HÉBRARD, membre du Syndicat de la Presse.
HEINE (Michel).
HERVÉ, membre du Syndicat de la Presse.
HOULLIER-BLANCHARD, armurier.
JAUCOURT (de), ancien député.
JANICOT, membre du Syndicat de la Presse.
JOURDE, membre du Syndicat de la Presse.
* LAFENESTRE (Georges), homme de lettres, chef de bureau à la direction des Beaux-Arts.
LANGLOIS DE NEUVILLE, directeur des Bâtiments civils.
LASTEYRIE (le comte Ferdinand de), membre de l'Institut.
LAU D'ALLEMANS (le marquis Armand du).
LAURENS (Jean-Paul), artiste peintre.
LEMERCIER, imprimeur lithographe.
LEMOINE (John), de l'Académie française.
LEVASSEUR (Émile), membre de l'Institut.
* LONGPÉRIER (A. de), membre de l'Institut, président de la Commission de l'histoire de l'Art ancien à l'Exposition universelle de 1878.
LORTIC, relieur.
LOURDEL-ROUVENAT, joaillier.
* MANNHEIM (Charles), expert.
* MANTZ (Paul), homme de lettres, membre du Jury de l'Exposition universelle de 1878.
MARCILLE (Eudoxe), directeur du Musée d'Orléans.
MARGUERIN, administrateur des écoles supérieures municipales.

MM.

MEISSONIER (Ernest), membre de l'Institut.

MÉNARD (René), homme de lettres.

MENIER, député, membre de la Chambre de commerce de Paris.

MEUSNIER, manufacturier.

NOEL (Charles), banquier, membre de la Chambre de Commerce de Paris et Consul d'Haïti.

ODIOT (Ch.-G.-E.), orfèvre.

* ODIOT (Ernest).

PAILLARD (Victor), ancien fabricant de bronzes, maire du 3e arrondissement de Paris.

PARFONRY, président de la Chambre syndicale de la Marbrerie.

PERRIN (Émile), membre de l'Institut, administrateur général de la Comédie-Française.

PEULLIER (H.), vice-président du Comité d'administration de la classe de la Céramique à l'Exposition universelle de 1878.

PILLET (Charles), commissaire-priseur.

POLOVTSOF, sénateur à Saint-Pétersbourg.

POURTALÈS (le comte Edmond de).

POUSSIELGUE-RUSAND (P.), fabricant de bronzes et orfévrerie pour églises.

PROUST (Antonin), député.

REDRON.

ROSE (A.), directeur du dépôt de la cristallerie de Baccarat.

* ROTHSCHILD (baron Adolphe de), membre de la Commission de l'exposition historique de l'Art ancien à l'Exposition universelle de 1878.

ROTHSCHILD (le baron Alphonse de), membre de la Commission supérieure de l'Exposition universelle de 1878.

ROTHSCHILD (le baron Gustave de), membre de la Commission de l'exposition historique de l'Art ancien à l'Exposition universelle de 1878.

ROTHSCHILD (le baron J.-Édouard de), membre de la Commission de l'exposition historique de l'Art ancien à l'Exposition universelle de 1878.

SABATIER, à Nice.

SAGLIER, président de la Chambre syndicale de la Céramique.

SALVETAT, chef des travaux chimiques de la Manufacture nationale de Sèvres, président du Comité d'admission de la classe de la Céramique à l'Exposition universelle de 1878.

SEILLIÈRE (le baron).

SELVE (le marquis de).

SERVANT, fabricant de bronzes.

SOMMERARD (E. du), directeur du Musée des Thermes et de l'hôtel de Cluny.

SOMMIER.

MM.

* SOURDEVAL (Alfred de).
SPULLER, député, membre du Syndicat de la Presse.
TALHOUET (le marquis de), sénateur.
* TARDIEU (Charles), rédacteur en chef de l'Art.
TESSÉ (Paul), ingénieur.
THOMAS (Ambroise), membre de l'Institut, directeur du Conservatoire national de musique.
TRÉMOILLE (le duc de la).
VIOLLET-LE-DUC (Eugène), architecte.
WALTNER (Charles), artiste-peintre et graveur, membre du Jury de l'Exposition universelle de 1878.
WATTEVILLE (le baron Oscar de), directeur des Sciences et des Lettres au ministère de l'Instruction publique.

COMITÉ DIRECTEUR

POUR LES ANNÉES 1877-1882

M. le duc de CHAULNES, *Président*.
M. le vicomte de GANAY, *Vice-Président*.
M. de CHAMPEAUX, sous-chef du bureau des Beaux-Arts à la préfecture de la Seine, *Secrétaire*.
M. TARDIEU, rédacteur en chef de l'*Art*, *Secrétaire*.

MEMBRES

MM.

BALLU, architecte, membre de l'Institut.
BARRIAS (Félix), artiste peintre.
BERGER (Georges), directeur des sections étrangères à l'Exposition universelle.
BIENCOURT (le marquis de).
BOCHER (Emmanuel).
BOUCHERON, joaillier.
BOUILHET, manufacturier.
DALLOZ (Paul), directeur du *Moniteur universel*.

MM.

DE SAUX, ancien ministre plénipotentiaire.
DUC, architecte, membre de l'Institut.
DUPLAN, manufacturier à Paris.
DUPONT-AUBERVILLE.
FOURDINOIS, manufacturier.
GÉRARD (le baron).
GÉROME, membre de l'Institut.
GREFFULHE (le comte Henri), sénateur.
GUILLAUME, membre de l'Institut, directeur des Beaux-Arts.
LAFENESTRE (Georges), chef du bureau des Beaux-Arts au ministère de l'Instruction publique et des Beaux-Arts.
LONGPÉRIER (Adrien de), membre de l'Institut.
LOUVRIER DE LAJOLAIS, directeur de l'École nationale des Arts décoratifs.
MANNHEIM, expert.
MANTZ (Paul), publiciste.
ODIOT (Ernest).
ROTHSCHILD (le baron Adolphe de).
SENSIER, secrétaire général de l'Union centrale des Beaux-Arts appliqués à l'industrie.
SOURDEVAL (de).

ORGANISATION DU MUSÉE

AU PAVILLON DE FLORE

Dès sa formation, l'Association a rencontré de précieux et puissants auxiliaires. M. le Préfet de la Seine s'est montré disposé à favoriser, en ce qui le concerne, une œuvre qui doit créer dans la capitale un foyer nouveau d'instruction et de moralisation. Le Conseil supérieur des Beaux-Arts, consulté sur l'opportunité du projet par M. le Ministre de l'Instruction publique et des Beaux-Arts, a émis, à l'unanimité, le vœu « que le Gouvernement aide à la création du *Musée des Arts décoratifs,* dans toute la mesure possible. »

Enfin MM. les ministres des Travaux publics et des Finances se sont empressés de montrer, d'une manière efficace, l'intérêt avec lequel ils accueillaient le projet, en accordant à l'Association, pour son installation, une partie du palais des Tuileries, le pavillon de Flore.

C'est donc dans ce vaste et magnifique local, situé au centre de l'activité parisienne, que va être organisé le *Musée des Arts décoratifs.*

De quels objets sera-t-il formé? Dans la pensée des fondateurs, un tel Musée, destiné à l'éducation simultanée des ouvriers et du public, des producteurs et des consommateurs, doit comprendre tous les types de nature à développer l'enseignement spécial et technique, en même temps que l'intelligence des ensembles décoratifs.

La classification à adopter a été soumise aux méditations des juges les plus compétents, car de celle-ci dépendait, pour une grande part, l'utilité du Musée. Il fallait, en effet, présenter les objets dans un ordre clair et logique, qui fût un guide pour celui qui ne sait pas, un complément d'information pour l'homme instruit. Après mûres délibérations, il a été décidé qu'on formerait deux grandes classes, subdivisées en un certain nombre de sections :

1° *Le décor des édifices* (extérieur et intérieur);
2° *Le décor de l'homme et des objets à son usage.*

Douze sections, ayant chacune un président faisant partie du Comité directeur, et un nombre variable de membres choisis parmi les hommes spéciaux, ont été instituées. Ces sections nomment leur bureau, à l'exception du président; elles ont la faculté de s'adjoindre, s'il y a lieu, de nouveaux membres, dont le choix doit être ratifié par le Comité directeur, et qui, en tout cas, ne peuvent excéder le chiffre de vingt. Les travaux et les résolutions de chacune d'elles sont soumis aux présidents des autres sections qui, réunis, forment le Conservatoire du Musée, sous la présidence du Vice-Président du Comité directeur. C'est ce Conservatoire qui présente les projets d'acquisitions et autres au Comité directeur, lequel a seul le droit de décider. Les projets étant approuvés, l'exécution est laissée à la section qui les a proposés.

Voici la composition actuelle des sections :

1° ARCHITECTURE

M. DUC, *Président.*

MM.
ALDROPHE, architecte.
BAILLY, architecte, membre de l'Institut.
BALLU, architecte, membre de l'Institut.
BAUDOT (DE), architecte.
BOUVARD, architecte.
CORROYER, architecte.
PIGACHE.

MM.
GARNIER (CHARLES), architecte, membre de l'Institut.
LEFUEL, architecte, membre de l'Institut.
RUPRICH-ROBERT, architecte, professeur à l'École nationale des Arts décoratifs.
SÉDILLE (PAUL), architecte.
VIOLLET-LE-DUC, architecte.

2° SCULPTURE

M. GUILLAUME, *Président.*

MM.
- CHAPU, sculpteur.
- CARRIER-BELLEUSE, sculpteur, directeur des travaux d'art à la manufacture de Sèvres.
- COURAJOD, publiciste, attaché à la conservation du musée du Louvre.
- DREYFUS.

MM.
- ÉPHRUSSI (Ch.).
- MICHAUX, chef de la division des Beaux-Arts à la Préfecture de la Seine.
- MILLET (Aimé), professeur à l'École nationale des Arts décoratifs.
- PIOT (Eugène), publiciste.
- STIRBEY (Prince George).

3° PEINTURE

M. GÉROME, *Président.*

MM.
- BARRIAS, artiste peintre.
- BAUDRY, artiste peintre, membre de l'Institut.
- COTTIER.
- DENUELLE, artiste peintre-décorateur.
- FÉRAL, expert.
- GALLAND, artiste peintre, professeur à l'École nationale des Beaux-Arts.
- GAUCHEZ (Léon).
- LAFENESTRE (Georges), chef de bureau à la direction des Beaux-Arts.
- LAMEIRE, artiste peintre-décorateur.

MM.
- LAVASTRE, artiste peintre-décorateur.
- LECHEVALLIER-CHEVIGNARD, artiste peintre, professeur à l'École nationale des Arts décoratifs.
- PETIT (Georges), expert.
- PILLET (Charles), commissaire-priseur.
- PUVIS DE CHAVANNES, artiste peintre.
- SAINT-VICTOR (Paul de), publiciste, inspecteur des Beaux-Arts.
- TIMBAL (Charles), artiste peintre et publiciste.

4° DÉCOR FIXE

M. MANTZ (Paul), *Président.*

MM.
- BÉHAGUE (de).
- BIAIS, manufacturier.
- CHAMPEAUX (de), sous-chef de bureau de la division des Beaux-Arts, à la préfecture de la Seine.
- COLLIN, chef d'atelier à la manufacture des Gobelins.
- DARCEL, administrateur de la manufacture des Gobelins.
- DUMETZ.

MM.
- DIÉTERLE, artiste peintre, administrateur de la manufacture de Beauvais.
- DUPLAN, manufacturier.
- DUPONT, manufacturier.
- GOUPIL (Albert), éditeur d'estampes, etc.
- PERRIN (Em.), administrateur de la Comédie-Française.
- PROUST (Antonin), député.

5° DÉCOR MOBILE

Métaux, Bronze, Orfévrerie

M. ODIOT (Ernest), *Président.*

MM.
BARBEDIENNE, manufacturier.
BEURDELEY fils, manufacturier.
BOUILHET (H.), négociant.
DASSON, manufacturier.
DUFRESNE (Henri), inspecteur général de l'Université.

MM.
FANNIÈRE (A.), orfèvre.
FANNIÈRE (J.), orfèvre.
LABARTE (Jules), membre l'Institut.
MONTGERMONT (Louis de).
ODIOT (Gustave), orfèvre.

6° MEUBLES

M. BOCHER, *Président.*

MM.
BERAUDIÈRE (de la),
DOUBLE.
DUTUIT.
FOURDINOIS, fabric. de meubles.
GALLARD (Émile).

MM.
GROHÉ, fabricant de meubles.
HÉDIN, professeur à l'École nationale des Arts décoratifs.
LEMOINE, fabricant de meubles.
SENÉ, ébéniste.

7° ÉMAUX, VERRERIE, CÉRAMIQUE

M. DALLOZ (Paul), *Président.*

MM.
ANDRÉ (Alfred), réparateur d'objets d'art.
DECK, céramiste.
GARNIER, conservateur du musée de Sèvres.
GASNAULT (Paul).
LE BRETON, conservateur du musée céramique de Rouen.
LEROUX, chef du cabinet à la préfecture de la Seine.
LIESVILLE (de).

MM.
MILLET, chef de la fabrication, à Sèvres.
MOREAU (A.).
LEPEC (Ch.), artiste peintre-émailleur.
POPELIN (Cl.), artiste peintre-émailleur.
ROUSSEAU, céramiste.
ROSE, directeur du dépôt de la cristallerie de Baccarat.
STEINHEIL, peintre-verrier.
THAMAR.

8° VÊTEMENTS
M. DUPONT-AUBERVILLE, *Président.*

MM.
- BALLU (Roger), chef du cabinet du directeur des Beaux-Arts.
- BOCHER (Emmanuel).
- DE SAUX, ancien ministre plénipotentiaire.
- DETAILLE (Ed.), artiste peintre.
- GIRAUD (Ch.), artiste peintre.
- GOT, de la Comédie-Française.
- GRÉAU (Jules).
- LACOSTE, artiste peintre.
- LEFÉBURE (E.), manufacturier.

MM.
- LORAIN, architecte.
- NUITTER (Charles), archiviste du théâtre de l'Opéra.
- PERRIN (Émile), administrateur de la Comédie-Française.
- PROTAIS, artiste peintre.
- RÉGNIER, de la Comédie-Française.
- SCHŒLCHER, sénateur.
- TAIGNY (Edmond).
- TIRARD, député.
- VERDÉ-DELISLE, manufacturier.

9° PARURE
M. BERGER, *Président.*

MM.
- BAPST, joaillier, directeur du *Journal des Débats.*
- BERNARD (Martial), joaillier.
- BOUCHERON, joaillier.
- CHRISTOFLE, manufacturier.

MM.
- FALIZE, joaillier.
- FONTENAY, bijoutier.
- FROMENT-MEURICE, joaillier.
- MASSIN, joaillier.
- MEYER (Alfred), émailleur.

10° ARMES
M. LONGPÉRIER (de), *Président.*

MM.
- BEAUMONT (E. de), artiste peintre.
- CHAMPIER (Victor), publiciste, secrétaire du *Musée des Arts décoratifs.*
- FOULC.
- GAY (Victor).

MM.
- LECLERCQ (colonel), conservateur du musée d'artillerie.
- MAILLET-DUBOULLAY.
- RIGGS.
- STEIN.

11° ENSEIGNEMENT
M. LOUVRIER DE LAJOLAIS, *Président.*

MM.
- BERT (Paul), député.
- BLANC (Ch.), membre de l'Institut.
- CHARTON (Édouard), sénateur.
- CLOPET, professeur à l'École nationale des Arts décoratifs.
- DELAGRAVE, éditeur.
- MÉNARD (René), publiciste.
- RACINET, artiste peintre.

MM.
- RONCHAUD (de), inspecteur des Beaux-Arts.
- SAUVAGEOT, directeur de l'*Art pour tous.*
- SENSIER, secrétaire général de l'*Union centrale.*
- TARDIEU, rédacteur en chef de l'*Art.*

12° BIBLIOTHÈQUE

M. GÉRARD (le baron), *Président*.

MM.
- BIENCOURT (le marquis DE), propriétaire.
- DAGUIN, président du Tribunal de Commerce.
- DALLOZ (PAUL), directeur du *Moniteur universel*.
- DEFRESNE.
- DELABORDE (vicomte HENRI), secrétaire perpétuel de l'Académie des Beaux-Arts.
- DEMAY (G.), archiviste aux Archives nationales.
- DESTAILLEURS, architecte.
- DUPLESSIS (G.), conservateur-adjoint du cabinet des Estampes à la Bibliothèque nationale.

MM.
- FIRMIN-DIDOT (ALFRED), éditeur.
- GONSE (LOUIS), rédacteur en chef de la *Gazette des Beaux-Arts*.
- GUIFFREY (J.-J.), archiviste aux Archives nationales.
- LEMOYNE (ANDRÉ), archiviste à l'École nationale des Arts décoratifs.
- MONTAIGLON (DE), professeur à l'École des Chartes.
- MÜNTZ, bibliothécaire de l'École des Beaux-Arts.
- PAILLET.
- ROTHSCHILD (le baron JAMES DE).

Outre ces douze sections, une Commission spéciale a été établie pour l'organisation des expositions temporaires et le classement des collections prêtées ou léguées dont les objets, pour une cause ou pour une autre, ne pourraient être répartis suivant l'ordre régulier. Cette Commission est ainsi composée :

COMMISSION DES EXPOSITIONS

M. ROTHSCHILD (le baron AD. DE), *Président*.

MM.
- BASILEWSKI.
- BONNAFFÉ.
- D'ARMAILLÉ (comte).
- DU SOMMERARD, directeur du Musée de Cluny.
- ÉPHRUSSI (CHARLES).
- FAU.
- FEUARDENT.
- GANAY (vicomte DE).
- GAVET.

MM.
- JOLY, conservateur du mobilier national.
- MANNHEIM, expert.
- ROTHAN, ancien ministre plénipotentiaire.
- SCHLUMBERGER, secrétaire général de la Commission de l'*Art ancien* à l'Exposition universelle.
- SOURDEVAL (DE).
- SPITZER.

Grâce à ces divisions, le *Musée des Arts décoratifs* offrira à l'attention des travailleurs des modèles qui seront rassemblés non par ordre de matière, mais classés, au point de vue de l'art, suivant leur destination.

Telle est, en résumé, l'entreprise des fondateurs du *Musée des Arts décoratifs*. Toutefois, l'enseignement qui doit en sortir pour nos industries d'art ne peut atteindre son développement qu'à la condition d'être soutenu et répandu par tous les moyens possibles. C'est alors que l'action de l'*Union centrale des Beaux-Arts appliqués à l'industrie* pourra surtout devenir efficace en faisant profiter le *Musée des Arts décoratifs* de toutes les forces dont elle dispose. Elle pourra user de son autorité morale auprès des écoles de dessin et auprès des industriels dont elle a acquis les vives sympathies, et on s'assurera ainsi une influence sérieuse sur l'enseignement et sur la fabrication, en organisant des concours fréquents et des conférences régulières. C'est alors qu'on mettra en pratique les principes libéraux qui ont présidé en Angleterre à la création du *South Kensington Museum*, en faisant circuler dans tous nos départements les chefs-d'œuvre du *Musée des Arts décoratifs* par des expositions nombreuses et répétées.

ACTIF DE LA SOCIÉTÉ

L'Actif de l'Association se compose :
1° Du Musée comprenant les objets acquis, légués ou donnés ;
2° Des souscriptions des donateurs ;
3° Des droits d'entrée au Musée ;
4° Du produit des expositions d'objets d'art anciens et modernes, et du produit des ventes de moulages ou copies de modèles appartenant au Musée ;
5° Des subventions qui pourront être obtenues de l'État, de la Ville de Paris, des villes et des départements ;
6° Des dons et legs dont l'acceptation sera autorisée par l'État.

MODES DE SOUSCRIPTION

L'Association doit, pour la formation de son capital, faire appel à tous les dévouements et à toutes les bourses. L'œuvre a un caractère national ; elle a pour but l'honneur et la prospérité de la France : tous doivent contribuer à son succès.

Déjà de généreux amateurs ont répondu au premier appel du Comité fondateur en souscrivant des sommes importantes. Le Comité espère que les industriels, les artistes, les ouvriers, tous les Français enfin suivront cet exemple dans la mesure de leur fortune. Si minime que soit l'obole, elle sera un témoignage de patriotisme.

Les modes de souscription sont :

1° Versement d'une somme déterminée par le donateur ;

2° Souscriptions annuelles ;

3° Souscriptions de cinq cents francs, payables par annuités, *donnant droit au titre de cofondateur*.

Les dons les plus minimes seront reçus avec reconnaissance.

On peut actuellement souscrire :

Au pavillon de Flore, quai des Tuileries, au nom de M. SENSIER, trésorier de l'Association ;

A l'École nationale des Arts décoratifs, 5, rue de l'École-de-Médecine et au siége de l'*Union centrale*, 3, place des Vosges ;

Aux bureaux du journal l'*Art*, 3, Chaussée-d'Antin ; aux bureaux du *Moniteur universel* et du *Monde illustré*, 15, quai Voltaire ; aux bureaux de la *Gazette des Beaux-Arts*, 8, rue Favart.

PREMIÈRE LISTE DE SOUSCRIPTION

MM.

Édouard André, président de l'*Union centrale*	25.000 »
Le duc de Chaulnes, président du Comité directeur du *Musée des Arts décoratifs*	10.000 »
Adrien Dubouché, directeur du Musée céramique de Limoges	10.000 »
Vicomte de Ganay	1.000 »
De Champeaux	500 »
Georges Berger, directeur des sections étrangères à l'Exposition	1.000 »
Ballu, architecte, membre de l'Institut	1.000 »
Barrias, peintre	1.000 »
Marquis de Biencourt (par annuité)	1.000 »
Bouilhet, manufacturier	1.000 »
De Saux, ministre plénipotentiaire	1.000 »
Baron Ad. de Rothschild	10.000 »
Plus une rente de 750 fr. pendant 10 ans	7.500 »
Paul Dalloz, directeur du *Moniteur universel*	1.000 »
Duc, architecte, membre de l'Institut	1.000 »
Duplan, manufacturier à Aubusson	1.000 »
Dupont-Auberville	1.000 »
Fourdinois	1.000 »
Baron Gérard	10.000 »
Boucheron, joaillier (souscription annuelle)	1.000 »
Georges Lafenestre	1.000 »
Louvrier de Lajolais, directeur de l'École des Arts décoratifs	1.000 »
Mannheim, expert	1.000 »
Tardieu (Charles), rédacteur en chef de l'*Art*	500 »
Paul Mantz	500 »
Odiot, orfèvre	1.000 »
Sensier, secrétaire général de l'*Union centrale*	500 »
Souscriptions recueillies par l'Art	5.680 »
Cavalier, membre de l'Institut (par annuité pendant 5 ans)	1.000 »
Delatour (Alfred), par annuité pendant 5 ans	500 »
Taigny (par annuité pendant 5 ans)	500 »
Parfonry (par annuité pendant 5 ans)	500 »
Marcille (par annuité pendant 10 ans)	»
Foulc (par annuité pendant 10 ans)	500 »
Denuelle	500 »
De Basilewski (par annuité pendant 10 ans)	5.000 »
De Sourdeval	1.000 »

MM.

Bonnafé	1.000 »
Poussielgue	1.000 »
Sir Richard Wallace	10.000 »
De Montgermont	1.000 »
Bocher (Emmanuel)	1.000 »
De Greffulhe	1.000 »
Eug. Guillaume, directeur des Beaux-Arts	1.000 »
Christofle et Cie	1.000 »
Maurice Cottier	5.000 »
Ferdinand Duval, préfet de la Seine	1.000 »
L. Gonse, rédacteur en chef de la *Gazette des Beaux-Arts*	200 »
Séné (1er versement)	50 »
A. Picard	100 »
Galland (par annuité)	500 »
Mme la comtesse de Biencourt (par annuité)	500 »
Le Breton (Gustave), Conservateur du musée Céramique de Rouen (par annuité pendant 10 ans)	500 »
Alfred André, réparateur d'objets d'art	100 »
Edouard Didron, recueillie par la *Gazette des Beaux-Arts* (par annuité pendant 10 ans)	500 »
Alfred Darcel recueillie par la *Gazette des Beaux-Arts* 1er versement	250 »
Paul Sédille, recueillie par la *Gazette des Beaux-Arts* 1er versement	1000 »
Edmond Lièvre, recueillie par la *Gazette des Beaux-Arts* 1er versement	500 »
Ernest Lamy	500 »
Les Employés du *Moniteur Universel* (1re souscription)	85 25
Strauss	5 »
Compositeurs, Imprimeurs, Ouvriers du *Moniteur universel* (2e souscription)	161 90
Engel Dolfus	5000 »
Madame Dalloz mère (par annuité pendant 5 ans)	500 »
Charles Ephrussi	1000 »
Pigache	100 »
Madame la comtesse de Nadailhac	100 »
Falize fils (par annuité pendant 5 ans)	500 »
Tesson	10 »
Edouard Rey	20 »
F. Faivre	10 »
P. Bourde	10 »
Le comte de Madre	20 »
E. Gassmann, secrétaire de la rédaction du *Moniteur universel*	20 »
De Léris	10 »
L. Joly	20 »

MM.
Henry Fabre	5 »
Mouillot	20 »
Léon Vidal, chef de la Photochromie au *Moniteur universel*	500 »
Ateliers de Photochromie de M. Léon Vidal	69 »
Pey (Alexandre)	10 »
Eugène Asse	10 »
Husinger et Wagner, ébénistes	50 »
Baron Edmond de Beurnonville	500 »
Charles Stein	500 »
Destailleurs (par annuité pendant 5 ans)	500 »
Timbal (Ch.) (par annuité pendant 5 ans)	500 »
Deck, céramiste	50 »
Simon Lebertre	2.000 »
J. Charvet au Pecq (Seine-et-Oise)	500 »
Fannière frères (par annuité pendant 5 ans)	500 »
Biais	500 »
Albert Quantin, Imprimeur Editeur (par annuité pendant 5 ans)	500 »
Louis Dupont	500 »
Baignères (par annuité pendant 10 ans)	500 »
Gustave Palmer-Harding	1.000 »
Fontenay	100 »
Lorin, verrier à Chartres (par annuité pendant 5 ans)	500 »
Madame la duchesse de Luynes	500 »
Alfred Mame, à Tours	1000 »
Le comte Foy (par annuité pendant 5 ans)	1000 »
Total	155.086 15

CATALOGUE

DES

Tableaux Anciens & Modernes

EXPOSÉS AU

MUSÉE DES ARTS DÉCORATIFS

ANTONELLO DEGLI ANTONI, dit ANTONELLO DE MESSINE
Né à Messine vers 1414 ; mort vers 1493. — ÉCOLE NAPOLITAINE.

1. — *Portrait d'homme.*

Ce tableau provient de la collection Signol.

Bois. — Haut. 00 cent.; larg. 00 cent.
Collection de M. le baron EDMOND DE BEURNONVILLE.

BEAUBRUN (les frères HENRI et CHARLES)
Nés à Amboise en 1603 et 1604; morts, HENRI en 1677 et CHARLES en 1692.
Ces deux artistes travaillèrent ensemble. — ÉCOLE FRANÇAISE.

2. — *La Petite famille.*

Daté 1645.

Toile. — Haut. 88 cent.; larg. 1 m. 20 c.
Collection de M. le marquis DE BIENCOURT.

3. — *Portrait d'Anne d'Autriche.*

Toile. — Haut. 68 cent.; larg. 57 cent.
Collection de M. le marquis DE BIENCOURT.

BERKEYDEN (GÉRARD)

Né à Harlem en 1643; mort en 1693. — École Hollandaise.

4. — *Vue de Harlem.*

Ce tableau provient des collections Van der Wynpersse et Neville-Goldsmid, de La Haye.

Bois. — Haut. 52 cent.; larg. 42 cent.

Collection de M. Charles Pillet.

BEYEREN (ABRAHAM VAN)

Né à la Haye; vivait encore en 1665. — École Hollandaise.

5. — *Poissons et Coquillages sur la Plage de Scheweningen.*

Ce tableau provient de la collection du comte de Bloudoff.

Toile. — Haut. 1 m. 35 c.; larg. 1 m. 85 c.

Collection de M. le baron Edmond de Beurnonville.

6. — *Fruits et Vase d'or posés sur une Table.*

Bois. — Haut. 90 cent.; larg. 70 cent.

Collection de M. le baron Edmond de Beurnonville.

7. — *Poissons sur une table de cuisine.*

Toile. — Haut. 60 cent.; larg. 72 cent.

Collection de M. le baron Edmond de Beurnonville.

BLOEMEN (J.-F. VAN, dit ORIZONTE)

Né à Anvers en 1656; mort à Rome en 1748. — École Flamande.

8. — *Paysage avec figures et animaux.*

Toile. — 1 m. 50 c.; larg. 2 m. 10 c.

Collection de M. le baron Edmond de Beurnonville.

BOILLY (LOUIS-LÉOPOLD)

Né à la Bassée en 1761; mort en 1845. — École Française.

9. — *Le Petit messager.*

Toile. — Haut. 54 cent.; larg. 45 cent.

Collection de M. Gariel.

BONIFAZIO
Né à Vérone (?); mort à Venise en 1553. — ÉCOLE VÉNITIENNE.

10. — La Femme adultère.

Ce tableau provient des collections du duc de Bauffremont et du marquis de Blaisel.

Toile. — Haut. 2 mèt.; larg. 3 m. 45 c.
Collection de M. le baron EDMOND DE BEURNONVILLE.

BORGOGNONE (AMBROZIO STEFANI DE FOSSANO, dit le)
Né à Milan (?); mort vers 1524. — ÉCOLE LOMBARDE.

11. — La Vierge glorieuse entourée de saints.

Ce tableau provient de la collection du comte Castelbarco.

Bois. — Haut. 1 m. 28 c.; larg. 65 cent.
Collection de M. le baron EDMOND DE BEURNONVILLE

BOUCHER (FRANÇOIS)
Né à Paris en 1704; mort à Paris en 1770. — ÉCOLE FRANÇAISE.

12. — La Pêche.

Daté 1765.

Toile. — Haut. 75 cent.; larg. 58 cent.
Collection de M. MICHEL HEINE.

13. — Le Moulin.

Signé et daté 1755.

Toile. — Haut. 58 cent.; larg. 72 cent.
Collection de M. GUSTAVE ROTHAN.

14. — La Peinture, allégorie.

Signé et daté 1765.

Toile. — Haut. 1 m. 01 c.; larg. 1 m. 30 c.
Collection de M. GUSTAVE ROTHAN.

BOUCHER (FRANÇOIS)

15. — La Musique, allégorie.

> Daté 1765. — Pendant du précédent. — Ces deux tableaux ont été peints pour l'électeur de Bavière.
>
> Toile. — Haut. 1 m. 01 c.; larg. 1 m. 50.
> Collection de M. GUSTAVE ROTHAN.

16. — L'Éducation de la Vierge.

> Signé et daté 1766.
>
> Toile ovale. — Haut. 41 cent.; larg. 31 cent.
> Collection de M. le baron EDMOND DE BEURNONVILLE.

17. — Portrait du duc d'Orléans (Philippe-Égalité) enfant.

> Daté 1749.
>
> Toile. — Haut. 88 cent.; larg. 70 cent.
> Collection de M. CHARLES PILLET.

18. — Les Amours pêcheurs.

> Haut. 94 cent.; larg. 1 m. 05 c.
> Collection de M. EUDOXE MARCILLE.

19. — Vénus et l'Amour.

> Toile ovale. — Haut. 92 cent.; larg. 1 m. 60 c.
> Collection de M. EUDOXE MARCILLE.

BRASCASSAT (JACQUES-RAYMOND)

Né à Bordeaux en 1805; mort en 1867. — ÉCOLE FRANÇAISE.

19 bis. — Pâturage, Taureau broutant les feuilles d'un arbre.

> Daté 1839.
>
> Toile. — Haut. 96 cent.; larg. 1 mèt. 28 cent.
> Collection de M. le baron GÉRARD.

BRAY (JEAN DE)
Né à Harlem (?) ; mort en 1697. ÉCOLE HOLLANDAISE.

20. — *Portrait d'un Régent de l'Université de Leyde.*

> Toile. — Haut. 88 cent.; larg. 72 cent.
> Collection de M. ÉDOUARD ANDRÉ.

BUONOCARSI (PIETRO), dit PIERINO DEL VAGA (attribué à)
Né à Florence en 1500 ; mort en 1547. — ÉCOLE FLORENTINE.

21. — *Portrait du cardinal Cybo, neveu du pape Léon X.*

Ce tableau provient de la collection Pourtalès-Gorgier (1865).

> Bois. — Haut. 80 cent.; larg. 65 cent.
> Collection de M. le marquis DE GANAY.

CALCAR (JOHANN STEPHAN VON)
Né à Calcar vers 1510 ; mort en 1546. — ÉCOLE VÉNITIENNE.

22. — *Portrait d'homme.*

> Toile. — Haut. 80 cent.; larg. 70 cent.
> Collection de M. GUSTAVE ROTHAN.

CANAL (ANTONIO), dit CANALETTO
Né à Venise en 1697; mort à Venise en 1768. — ÉCOLE VÉNITIENNE.

23. — *Le Palais des Doges, à Venise.*

> Toile. — Haut. 46 cent.; larg. 80 cent.
> Collection de M. GUSTAVE ROTHAN.

24. — *Vue de Venise.*

> Toile. — Haut. 45 cent.; larg. 75 cent.
> Collection de M. ED. ANDRÉ.

CANAL (ANTONIO), dit CANALETTO

25. — *La Place Saint-Marc, à Venise.*

Pendant du précédent.

Toile. — Haut. 45 cent.; larg. 75.
Collection de M. Ed. André.

CESARE DA SESTO

Né à Sesto (?) ; mort vers 1524. — École Milanaise.

26. — *La Vierge en buste.*

Bois. — Haut. 15 cent.; larg. 11 cent.
Collection de M. le vicomte de Ganay.

CHAMPAIGNE (PHILIPPE DE)

Né à Bruxelles en 1602 ; mort à Paris en 1674. — École Flamande.

27. — *Portrait du duc de Roannais, ami de Pascal.*

Le duc de Saint-Simon parle dans ses *Mémoires* de ce personnage qui portait, dit-il, « une manière d'habit ecclésiastique sans être jamais entré dans les ordres. »

Toile. — Haut. 1 m. 08 c., larg. 83 cent.
Collection de M. Gustave Rothan.

CHAMPAIGNE (attribué à PHILIPPE DE)

28. — *Portrait de Turenne.*

Le même portrait, peint en plus petit par le maître, se trouve au Musée de Chartres.

Toile. — Haut. 1 m. 20 c.; larg. 92 cent.
Collection de M. le marquis de Biencourt.

CHARDIN (JEAN-BAPTISTE-SIMÉON)

Né à Paris en 1699; mort à Paris 1779. — École Française.

29. — *Le Bénédicité.*

Répétition amplifiée du tableau appartenant au Musée du Louvre. — Exposé au Salon de 1746.

Toile. — Haut. 50 cent.; larg. 67 cent.
Collection de M. Eudoxe Marcille.

CHARDIN (JEAN-BAPTISTE-SIMÉON)

30. — *La Fontaine.*

Signé Chardin ; Salon de 1737.

Toile. — Haut. 49 cent.; larg. 41 cent.
Collection de M. Eudoxe Marcille.

31. — *Une Guitare, une Vielle, un Cahier de musique, un Panier de fruits, etc., posés sur une tablette de pierre.*

Toile. — Haut. 1 m. 15 c. ; larg. 1 m. 40.
Collection de M. Eudoxe Marcille.

32. — *Une Cornemuse, un Violon, un Cahier de musique, posés sur une tablette de pierre.*

Toile. — Haut. 1 m. 15 c. ; larg. 1 m. 40 c.
Collection de M. Eudoxe Marcille.

33. — *Une Timbale d'argent, une Orange, des Pommes d'api, une Poire, une Noisette, un Massepain et deux Flacons, sur une tablette de pierre.*

Signé Chardin 1750.

Toile. — Haut. 36 cent. ; larg. 45 cent.
Collection de M. Eudoxe Marcille.

34. — *Une Théière, une Grappe de Raisin, une Pomme, deux Châtaignes, un Couteau et un Flacon, sur une tablette de pierre.*

Signé Chardin ; Salon de 1759.

Toile. — Haut. 36 cent. ; larg. 45 cent.
Collection de M. Eudoxe Marcille.

CHARDIN (JEAN-BAPTISTE-SIMÉON)

35. — *Lapins et Gibecière.*

> Toile. — Haut. 72 cent. ; larg. 58 cent.
> Collection de M. Eudoxe Marcille.

36. — *Lapins, Alouettes et Ustensiles de Chasse.*

> Toile. — Haut. 72 cent. ; larg. 58 cent.
> Collection de M. Eudoxe Marcille.

37. — *La Marmite de cuivre.*

> Toile. — Haut. 30 cent. ; larg. 40 cent.
> Collection de M. Gustave Rothan.

38. — *Gibier, pâté et écuelle de faïence, etc.*
Signé et daté 1764.

> Toile ovale. — Haut. 1 m. 50 c. ; larg. 95 cent.
> Collection de M. Gustave Rothan.

CHARLET (NICOLAS-TOUSSAINT)
Né à Paris en 1792 ; mort en 1845. — École Française.

39. — *Napoléon, le soir de Waterloo.*

Ce tableau provient de la collection de M. Cognet.

> Toile. 45 cent. ; larg. 36 cent.
> Collection de M. Gustave Rothan.

CLOUET (FRANÇOIS), dit JEHANNET
Né à Tours en 1500 ; mort en 1572. — École Française.

40. — *Portrait de Marguerite de Valois, reine de Navarre.*

> Bois. — Haut. 30 cent. ; larg. 22 cent.
> Collection de M. le marquis de Biencourt.

CLOUET (FRANÇOIS), dit JEHANNET

41. — Portrait d'Odet de Coligny, cardinal de Châtillon.

Bois. — Haut. 20 cent.; larg. 17 cent.
Collection de M. le marquis DE BIENCOURT

42. — Portrait du duc Anne de Montmorency, connétable de France.

Bois. — Haut. 20 cent.; larg. 14 cent.
Collection de M. le marquis DE BIENCOURT.

43. — Portrait d'Éléonore d'Autriche, sœur de l'empereur Charles-Quint.

Bois. — Haut. 17 cent.; larg. 13 cent.
Collection de M. le marquis DE BIENCOURT.

CLOUET « JEHANNET » (attribué à)

44. — Portrait en pied de Henri II.

Bois. — Haut. 44 cent.; larg. 27 cent.
Collection de M. le marquis DE BIENCOURT

45. — Portrait du roi Charles IX.

Bois. — Haut. 35 cent.; larg. 25 cent.
Collection de M. le marquis DE BIENCOURT.

46. — Portrait présumé de Marie Stuart.

Bois. — Haut. 90 cent.; larg. 65 cent.
Collection de M. le baron EDMOND DE BEURNONVILLE

47. — Portrait de femme.

Ce tableau provient de la collection du marquis de Fourquevaux.

Bois. — Haut. 40 cent.; larg. 30 cent.
Collection de M. GUSTAVE ROTHAN.

CLOUET « JEHANNET » (attribué à)

48. — Portrait de Marie, reine d'Angleterre, femme de Philippe II.

Bois. — Haut. 34 cent.; larg. 25 cent.
Collection de M. le marquis DE BIENCOURT.

CLOUET (école de)

49. — Portrait de François II.

Bois. — Haut. 26 cent ; larg. 21 cent.
Collection de M. le marquis DE BIENCOURT.

50. — Portrait du duc d'Alençon.

Bois. — Haut. 20 cent.; larg. 14 cent.
Collection de M. le marquis DE BIENCOURT.

51. — Portrait du duc d'Alençon.

Bois. — Haut. 28 cent. ; larg. 21 cent.
Collection de M. le marquis DE BIENCOURT.

52. — Portrait du duc d'Alençon.

Bois. — Haut. 30 cent. ; larg. 23 cent.
Collection de M. le marquis DE BIENCOURT.

53. — Portrait du duc de Bellegarde.

Bois. — Haut. 31 cent. ; larg. 26 cent.
Collection de M. le marquis DE BIENCOURT.

54. — Portrait de Catherine de Médicis.

Bois. — Haut. 17 cent. ; larg. 14 cent.
Collection de M. le marquis DE BIENCOURT.

CLOUET (École de)

55. — *Portrait du roi Charles IX.*

> Bois. — Haut. 10 cent.; larg. 9 cent.
> Collection de M. le marquis DE BIENCOURT.

56. — *Portrait de la reine Catherine de Médicis.*

Ce tableau sert de pendant au précédent.

> Bois. — Haut. 10 cent.; larg. 9 cent.
> Collection de M. le marquis DE BIENCOURT.

57. — *Portrait de Anne de Montmorency, connétable de France.*

> Bois. — Haut. 28 cent.; larg. 21 cent.
> Collection de M. le marquis DE BIENCOURT.

58. — *Portrait de l'Amiral Gaspard de Coligny.*

Daté 1565.

> Bois. — Haut. 35 cent.; larg. 26 cent.
> Collection de M. le marquis DE BIENCOURT.

59. — *Portrait du Duc de Nemours.*

> Bois. — Haut. 30 cent.; larg. 23 cent.
> Collection de M. le marquis DE BIENCOURT.

60. — *Portrait d'Antoine de Bourbon, roi de Navarre.*

Ce portrait, trouvé à Ferrare en 1783, a été apporté en France par le comte de Custine. Il a été gravé par Thomas de Leu et B. Moncornet.

> Toile collée sur bois. — Haut. 32 cent.; larg. 25 cent.
> Collection de M. le marquis DE BIENCOURT.

COELLO (attribué à SANCHEZ)

Né à Benifayro, près de Valence, au commencement du xvie siècle ; mort à Madrid en 1590. — ÉCOLE ESPAGNOLE.

61. — *Portrait présumé de Philippe III, roi d'Espagne.*

Ce tableau provient de la collection du comte de Villafranca.

Toile. — Haut. 1 m. 12 c.; larg. 78 cent.

Collection de M. le baron EDMOND DE BEURNONVILLE.

62. — *Portrait présumé de Marguerite d'Autriche, femme de Philippe III.*

Ce tableau provient de la collection du comte de Villafranca.

Toile. — Haut. 1 m. 12 c.; larg. 78 cent.

Collection de M. le baron EDMOND DE BEURNONVILLE.

COROT (JEAN-BAPTISTE-CAMILLE)

Né à Paris en 1796; mort dans la même ville en 1875. — ÉCOLE FRANÇAISE.

63. — *L'Écluse.*

Toile. — Haut. 47 cent.; larg. 67 cent.

Collection de M. BOUCHERON.

CRANACH (LUCAS, SUNDER dit LUCAS)

Né à Cranach en 1472; mort à Weymar en 1553. — ÉCOLE ALLEMANDE.

64. — *Portrait de Luther.*

Bois. — Haut. 21 cent.; larg. 14 cent.

Collection de M. le marquis DE BIENCOURT.

65. — *Portrait d'homme.*

Bois. — Haut. 42 cent.; larg. 27 cent.

Collection de M. GUSTAVE ROTHAN.

66. — *Portrait de Théodore Veit (ami de Luther), réformateur de Nuremberg.*

Bois. — Haut. 63 cent.; larg. 49 cent.

Collection de M. GUSTAVE ROTHAN.

CUYP (ALBERT)

Né à Dordrecht en 1605 ; mort après 1672. — École Hollandaise.

67. — *Vue de Rhenen (effet du soir).*

Ce tableau provient de la collection Blockhuyzen.

Bois. — Haut. 67 cent.; larg. 90 cent.

Collection de M. le baron Edmond de Beurnonville.

68. — *Portrait de femme.*

Ce tableau provient de la collection Emile Pereire.

Bois ovale. — Haut. 70 cent.; larg. 60 cent.

Collection de M. Gustave Rothan.

DANLOUX (PIERRE)

Né à Paris en 1745 ; mort en 1809. — École Française.

69. — *Portrait de Femme.*

Signé et daté 1793.

Toile. — Haut. 31 cent ; largeur, 28 cent.

Collection de M. Gustave Rothan.

DAUBIGNY (CHARLES-FRANÇOIS)

Né à Paris en 1817 ; mort en 1878. — École Française.

70. — *L'Oise, près l'Isle-Adam.*

Daté 1857.

Bois. — Haut. 20 cent.; long. 39 cent.

Collection de M. Édouard André.

DAVID (JACQUES-LOUIS)

Né à Paris en 1748; mort à Bruxelles en 1825. — École Française.

71. — *Portrait de Barrère, le conventionnel.*

Toile. — Haut. 1 m. 27 c. ; larg. 96 cent.

Collection de M. Gustave Rothan.

DECAMPS (ALEXANDRE-GABRIEL)

Né à Paris en 1803; mort à Fontainebleau en 1860. — Ecole Française.

72. — Cour d'une maison arabe.

Toile. — Haut. 78 cent.; larg. 60 cent.
Collection de M. Edouard André.

73. — Le petit Ânier.

Toile. — Haut. 13 cent.; larg. 19 cent.
Collection de M. Maurice Cottier.

74. — La Basse-Cour.

Bois. — Haut. 14 cent.; larg. 21 cent.
Collection de M. Maurice Cottier.

75. — Le Singe peintre.

Ce tableau provient de la collection du duc de Morny.

Toile. — Haut. 31 cent.; larg. 40 cent.
Collection de M. Edouard André.

DELACROIX (FERDINAND-VICTOR-EUGÈNE)

Né à Charenton-Saint-Maurice en 1798; mort à Paris en 1863.
Ecole Française.

76. — Combat du Giaour et du Pacha.

Signé et daté 1835. — Ce tableau provient de la vente Laurent-Richard (1878).

Toile. — Haut. 71 cent.; larg. 60 cent.
Collection de M. le baron Gérard.

77. — Combat d'Arabes.

Daté 1863.

Toile. — Haut. 92 cent.; larg. 74 cent.
Collection de M. Edouard André.

78. — L'Appartement du comte de Mornay.

Toile. — Haut. 40 cent.; larg. 32 cent.
Collection de M. Charles Pillet.

DELACROIX (FERDINAND-VICTOR-EUGÈNE)

79. — *La Barque du Christ sur le lac de Génézareth.*

Daté 1853. — Ce tableau provient de la collection Edwards.

Toile. — Haut. 58 cent.; larg. 72 cent.

Collection de M. le baron EDMOND DE BEURNONVILLE.

80. — *Christophe Colomb au couvent de Sainte-Marie de Rabida.*

Signé et daté 1838. — Ce tableau provient de la vente de San Donato, 1870.

Toile. — Haut. 90 cent.; larg. 1 m. 16 c.

Collection de M. EDOUARD ANDRÉ.

DELAROCHE (PAUL)

Né à Paris en 1797; mort en 1856. — ÉCOLE FRANÇAISE.

81. — *Femme italienne et ses enfants.*

Daté 1844.

Toile de forme ronde. — Diamètre 95 cent.

Collection de M. ÉDOUARD ANDRÉ.

DEMARNE (JEAN-LOUIS)

Né à Bruxelles en 1744; mort à Paris en 1829. — ÉCOLE FRANÇAISE.

82. — *Marché aux Bestiaux.*

Toile. — Haut. 55 cent.; larg. 82 cent.

Collection de M. GUSTAVE ROTHAN.

DIAZ DE LA PENA (NARCISSE-VIRGILE)

Né à Bordeaux en 1809; mort en 1876. — ÉCOLE FRANÇAISE.

83. — *La Descente des Bohémiens.*

Toile. — Haut. 98 cent.; larg. 78 cent.

Collection de M. ÉDOUARD ANDRÉ.

DIAZ DE LA PEÑA (NARCISSE-VIRGILE)

84. — Invocation à l'Aurore.

Daté 1854.

> Bois. — Haut. 30 cent.; larg. 51 cent.
> Collection de M. Édouard André.

85. — La Promenade.

> Bois. — Haut. 45 cent.; larg. 27 cent.
> Collection de M. Édouard André.

86. — Sentier dans la forêt.

Signé et daté 1871.

> Bois. — Haut. 73 cent.; larg. 95 cent.
> Collection de M. Édouard André.

87. — Mare dans la forêt de Fontainebleau.

Daté 1864.

> Toile. — Haut. 78 cent.; larg. 1 mètre.
> Collection de M. Stanislas Baron.

88. — L'Orage.

Signé et daté 1872. — Ce tableau provient de la vente Laurent Richard (1878).

> Bois. — Haut. 60 cent.; larg. 85 cent.
> Collection de M. le baron Edmond de Beurnonville.

89. — Forêt de Fontainebleau.

Signé et daté 1857.

> Toile. — Haut. 73 cent.; larg. 90 cent.
> Collection de M. Boucheron.

DROUAIS (FRANÇOIS-HUBERT)

Né à Paris en 1727 ; mort à Paris en 1775. — Ecole Française.

90. — *L'Enfant au Chat.*

Signé et daté 1765. — Ce tableau provient des collections de lord Pembrocke et du duc de Morny.

Toile ovale. — Haut. 60 cent.; larg. 56 cent.
Collection de M. Edouard André.

91. — *La petite Fille au Chat.*

Toile ronde. — Diamètre 47 cent.
Collection de M. Gustave Rothan

92. — *Portrait de jeune Femme tenant une vielle (Fanchon la Vielleuse?).*

Toile. — Haut. 63 cent.; larg. 53 cent.
Collection de M. Charles Pillet.

DUCREUX (JOSEPH)

Né à Nancy en 1737 ; mort en 1802. — École Française.

93. — *Portrait de l'Artiste.*

Ce tableau provient de la collection Boitelle.

Toile. — Haut. 81 cent.; larg. 64 cent.
Collection de M. Edouard André.

DUPLESSIS (JOSEPH-SIFRÈDE)

Né à Carpentras en 1725 ; mort en 1802. — École Française.

94. — *Portrait de Louis XVI, esquisse.*

Toile. — Haut. 70 cent.; larg. 49 cent.
Collection de M. Gustave Rothan.

DYCK (ANTON VAN)
Né à Anvers en 1599; mort à Londres en 1641. — ÉCOLE FLAMANDE.

95. — Portrait d'homme.

Ce tableau provient de la vente Salamanca (1867).

Toile. — Haut. 1 m. 03 c.; larg. 1 m. 15 c.
Collection de M. ÉDOUARD ANDRÉ.

96. — Ronde d'Amours, grisaille.

Bois. — Haut. 27 cent.; larg. 40 cent.
Collection de M. GUSTAVE ROTHAN.

FAVRAY (le chevalier ANTOINE DE)
Né en 1706; mort à Malte en 1798. — ÉCOLE FRANÇAISE.

97. — La visite à l'Accouchée.

Ce tableau, peint à Malte pour madame Geoffrin vers 1794, représente madame Loth dont le mari était chef de la lingerie à l'hôpital de Malte.

Toile. — Haut. 59 cent.; larg. 78 cent.
Collection de M. le baron GÉRARD.

FRAGONARD (JEAN-HONORÉ)
Né à Grasse en 1732; mort à Paris en 1806. — ÉCOLE FRANÇAISE.

98. — Portrait de jeune Fille.

Toile. — Haut. 38 cent.; larg. 30 cent.
Collection de M. GUSTAVE ROTHAN.

99. — Jeune Femme coupant les ailes à l'Amour.

Toile. — Haut. 41 cent.; larg. 37 cent.
Collection de M. GUSTAVE ROTHAN.

100. — Le Torrent.

Ce tableau provient de la collection Otto-Mündler.

Toile. — Haut. 60 cent.; larg. 85 cent.
Collection du baron EDMOND DE BEURNONVILLE.

FRAGONARD (JEAN-HONORÉ)

101. — *Le Sommeil de l'Enfant.*

    Toile. — Haut. 31 cent.; larg. 38 cent.
    Collection de M. le baron Edmond de Beurnonville.

102. — *L'heureuse Mère.*

    Toile. — Haut. 44 cent.; larg. 36 cent.
    Collection de M. le baron Edmond de Beurnonville.

103. — *Portrait de femme.*

Étude pour la tête de la grand'mère, dans le tableau intitulé : l'*Heureuse Famille*.

    Toile ovale. — Haut. 40 cent.; larg. 32 cent.
    Collection de M. le baron Edmond de Beurnonville.

104. — *Tête de vieillard, esquisse.*

    Toile ovale. — Haut. 53 cent.; larg. 42 cent.
    Collection de M. Edouard André.

FROMENTIN (EUGÈNE)

Né à la Rochelle en 1820; mort en 1876. — École Française.

105. — *Buffles se baignant dans le Nil.*

    Toile. — Haut. 1 mèt.; larg. 1 m. 42 c.
    Collection de M. le baron Gérard.

106. — *Cavaliers arabes.*

Daté 1874.

    Bois. — Haut. 31 cent.; larg. 25 cent.
    Collection de M. le baron Gérard.

FYT (JOANNÈS)

Né à Anvers en 1625; la date de sa mort est inconnue.
ÉCOLE FLAMANDE.

107. — *Gibier et fruits.*

> Toile. — Haut. 77 cent.; larg. 1 m. 02 c.
> Collection de M. GUSTAVE ROTHAN.

GELLÉE (CLAUDE), dit CLAUDE LE LORRAIN

Né près de Toul en 1600; mort à Rome en 1682. — ÉCOLE FRANÇAISE.

108. — *Ruines antiques au bord de la Mer, effet de Soleil levant.*

> Signé et daté : Rome 1643. — Ce tableau provient de la collection Pourtalès-Gorgier 1865.

> Toile. — Haut. 98 cent.; larg. 1 m. 32 c.
> Collection de M. le marquis DE GANAY.

GÉRARD (baron FRANÇOIS)

Né à Rome en 1770; mort à Paris en 1837. — ÉCOLE FRANÇAISE.

109. — *Hylas et la nymphe Salmacis.*

> Ce tableau a été peint en 1826 comme pendant à celui de *Daphnis et Chloé*.

> Toile. — Haut. 1 m. 75 c.; larg. 2 mèt.
> Collection de M. le baron GÉRARD.

110. — *Corinne au cap Misène.*

> Répétition réduite du grand tableau légué au Musée de Lyon par Madame Récamier et représentant Corinne au cap Misène. Il a été peint en 1822.

> Toile. — Haut. 2 m. 10 c.; larg. 1 m. 65 c.
> Collection de M. le baron GÉRARD.

GÉRARD (baron FRANÇOIS)

111. — *Le Triomphe de Tarquin.*

Exécuté en 1790 comme devant de cheminée pour la mère de F. Gérard. — Le tableau et les deux précédents sont gravés à l'eau-forte dans l'*Œuvre de F. Gérard* (1856, 3 vol. in-fol.)

Toile. — Haut. 80 cent.; larg. 78 cent.
Collection de M. le baron GÉRARD.

112. — *Chevaux effrayés par les vagues, au bord de la Mer.*

Toile. — Haut. 30 cent.; larg. 40 cent.
Collection de M. le baron GÉRARD.

113. — *Portrait présumé de Mlle Duchesnois, en Diane chasseresse.*

Toile. — Haut. 65 cent., larg. 54 cent.
Collection de M. GUSTAVE ROTHAN.

GÉRICAULT (JEAN-LOUIS-ANDRÉ-THÉODORE)

Né à Rouen en 1791; mort à Paris en 1824. — ÉCOLE FRANÇAISE.

114. — *Épisode du Déluge.*

Toile. — Haut. 96 cent.; larg. 1 m. 30 c.
Collection de M. GARIEL.

115. — *Le lieutenant Dieudonné, esquisse du grand tableau du* Musée du Louvre.

Toile. — Haut. 25 cent.; larg. 35 cent.
Collection de M. GUSTAVE ROTHAN.

GOES (HUGO VAN DER)
Né à Gand (?); mort en 1478. — ÉCOLE FLAMANDE.

116. — *Le Mariage mystique de sainte Catherine.*

Ce tableau a été peint par Hugo van der Goes pour la chapelle du marquis Giustiniani. Il est attribué par quelques critiques à Gérard Davidz, peintre de l'école de Bruges, qu'on ne trouve pas dans les biographies, et qui a été remis en honneur par les récents travaux de M. James Weale.

Bois. — Haut. 1 m. 06 c.; larg. 1 m. 41 cent.

Collection de M. le baron EDMOND DE BEURNONVILLE.

GOYEN (JAN VAN)
Né à Leyde en 1596; mort à La Haye en 1656. — ÉCOLE HOLLANDAISE.

117. — *Halte de Voyageurs.*

Bois de forme ronde. — Diamètre 37 cent.

Collection de M. CHARLES PILLET.

118. — *Vue de l'Yssel.*

Bois de forme ronde. — Diamètre 37 cent.

Collection de M. CHARLES PILLET.

119. — *Vue de Delft.*

Signé du monogramme et daté 1654.

Bois. — Haut. 61 cent.; larg. 95 cent.

Collection de M. le baron EDMOND DE BEURNONVILLE.

120. — *La Meuse.*

Signé et daté 1644.

Toile. — Haut. 1 m. 03 c.; larg. 1 m. 31 c.

Collection de M. GUSTAVE ROTHAN.

121. — *Église au bord de la Mer.*

Bois. — Haut. 48 cent.; larg. 40 cent.

Collection de M. GUSTAVE ROTHAN.

GOYEN (JEAN VAN)

122. — Calme plat.

Signé du monogramme et daté 1633. — Ce tableau provient de la collection de M. Étienne Arago.

Bois. — Haut. 35 cent.; larg. 56 cent.
Collection de M. Gustave Rothan.

123. — Le Bac.

Bois. — Haut. 30 cent.; larg. 38 cent.
Collection de M. Gustave Rothan.

GREUZE (JEAN-BAPTISTE)
Né à Tournus en 1725 ; mort à Paris en 1805. — École Française.

124. — Portrait de l'Artiste.

Toile. — Haut. 65 cent.; larg. 53 cent.
Collection de M. Gustave Rothan.

125. — La petite Boudeuse.

Toile. — Haut. 40 cent.; larg. 32 cent.
Collection de M. Gustave Rothan.

126. — Portrait de Wille, graveur.

Signé et daté 1763. — Ce tableau provient de la collection Delessert.

Toile. — Haut. 60 cent., larg. 44 cent.
Collection de M. Edouard André.

127. — Portrait de petite fille.

Ce tableau provient de la collection du duc de Morny.

Toile ovale. — Haut. 43 cent.; larg. 35 cent.
Collection de M. Edouard André.

GUARDI (FRANCESCO)
Né à Venise en 1712; mort en 1793. — École Vénitienne.

128. — Vue de Venise, près de la place Saint-Marc.

Toile. — Haut. 33 cent.; larg. 53 cent.

Collection de M. le baron Edmond de Beurnonville.

129. — Vue de Venise; la Douane et l'église de la Salute.

Ce tableau sert de pendant au précédent.

Toile. — Haut. 33 cent.; larg. 53 cent.

Collection de M. le baron Edmond de Beurnonville.

130. — Vue de Venise, statue équestre de Coleone.

Toile. — Haut. 71 cent.; larg. 1 m. 20 c.

Collection de M. le baron Edmond de Beurnonville.

131. — La Douane et l'église de la Salute à Venise.

Bois. — Haut. 18 cent.; larg. 32 cent.

Collection de M. Gustave Rothan.

132. — La place Saint-Marc, à Venise.

Ce tableau sert de pendant au précédent.

Bois. — Haut. 18 cent.; larg. 32 cent.

Collection de M. Gustave Rothan.

HALS (FRANZ)
Né à Malines en 1584; mort à Harlem en 1666. — École Hollandaise.

133. — Portrait de femme.

Signé du monogramme et daté 1634.

Toile. — Haut. 78 cent.; larg. 63 cent.

Collection de M. le baron Edmond de Beurnonville.

HALS (FRANZ)

134. — *Portrait d'homme.*

Daté 1635. — Ce tableau provient de la collection du chevalier de Lissingen.
Toile. — Haut. 86 cent.; larg. 67 cent.
Collection de M. le baron Edmond de Beurnonville.

135. — *La petite Marchande de Harengs.*

Signé du monogramme. — Ce tableau provient de la collection Oudry.
Toile. — Haut. 80 cent.; larg. 64 cent.
Collection de M. le baron Edmond de Beurnonville.

136. — *Le Joueur de Flûte.*

Signé du monogramme.
Toile. — Haut. 58 cent.; larg. 54 cent.
Collection de M. le baron Edmond de Beurnonville.

137. — *Portrait de Michiel de Waal, fondateur d'hospice, officier du corps de St-Adrien.*

Ce tableau provient de la collection Oudry.
Toile. — Haut. 1 m. 20 c.; larg. 92 cent.
Collection de M. Charles Pillet.

138. — *La Femme aux gants blancs.*

Toile. — Haut. 1 mèt.; larg. 81 cent.
Collection de M. Gustave Rothan.

139. — *Tabagie hollandaise.*

Signé du monogramme.
Toile. — Haut. 22 cent.; larg. 17 cent.
Collection de M. Gustave Rothan.

140. — *Portrait d'un officier.*

Toile. — Haut. 68 cent.; larg. 59 cent.
Collection de M. Edouard André.

HELST (BARTHOLOMEUS VAN DER)

Né à Harlem en 1601 ; mort vers 1670. — École Hollandaise.

141. — Portrait du commandant Gédéon de Wildt.

Signé et daté 1657. — Ce tableau provient de la collection Neville-Goldsmid.

Toile. — Haut. 1 m. 50 c.; larg. 1 m. 20 c.

Collection de M. le baron Edmond de Beurnonville.

142. — Portrait de la femme du commandant Gédéon de Wildt.

Signé. — Ce tableau provient de la collection Neville-Goldsmid.

Toile. — Haut. 1 m. 50 c.; larg. 1 m. 20 e.

Collection de M. le baron Edmond de Beurnonville.

HILAIR

École Française, xviiie siècle.

143. — Monuments en ruines, en Orient.

Signé.

Toile. — Haut. 21 cent.; larg. 35 cent.

Collection de M. Gustave Rothan.

HOLBEIN (attribué à HANS)

Né à Augsbourg en 1498 ; mort à Londres en 1554. — École Allemande.

144. — Portrait d'Ulrich Zwingle.

Bois. — Haut. 33 cent.; larg. 32 cent.

Collection de M. le baron Edmond de Beurnonville.

HONDEKOETER (MELCHIOR)

Né à Utrecht en 1636 ; mort en 1695. — École Hollandaise.

145. — Oiseaux de basse-cour.

Ce tableau provient de la collection Schonborn de Pommersfelden (1867).

Toile. — Haut. 1 m. 18 c.; larg. 1 m. 50 c.

Collection de M. Gustave Rothan.

HUGTENBURCH (JOHAN VAN)

Né à Harlem en 1640; mort à Amsterdam en 1733. — ÉCOLE HOLLANDAISE.

146. — Choc de Cavalerie et Combat naval.

Toile. — Haut. 70 cent.; larg. 88 cent.
Collection de M. le baron EDMOND DE BEURNONVILLE.

147. — Choc de Cavalerie.

Toile. — Haut. 64 cent.; larg. 77 cent.
Collection de M. le baron EDMOND DE BEURNONVILLE

HUYSMANS (CORNEILLE, de Malines)

Né à Anvers en 1648; mort à Malines en 1727. — ÉCOLE FLAMANDE.

148. — Le Ravin.

Ce tableau provient de la collection de M. Joseph Fau.

Toile. — Haut. 41 cent.; larg. 58 cent.
Collection de M. GUSTAVE ROTHAN.

JORDAENS (JAKOB)

Né à Anvers en 1593; mort dans la même ville en 1678. — ÉCOLE FLAMANDE.

149. — Portrait d'un Magistrat hollandais.

Toile. — Haut. 1 m. 15 c.; larg. 97 cent.
Collection de M. GUSTAVE ROTHAN.

150. — Le Fou d'Anvers.

Toile. — Haut. 78 cent.; larg. 55.
Collection de M. le baron EDMOND DE BEURNONVILLE.

KALF (WILLEM)

Né à Amsterdam en 1630; mort dans la même ville en 1693.
ÉCOLE HOLLANDAISE.

151. — Intérieur de Cuisine.

Bois. — Haut. 25 cent.; larg. 31 cent.
Collection de M. GUSTAVE ROTHAN.

KEYSER (TH. DE)

Né à Utrecht en 1575; mort à Amsterdam en 1615.
ÉCOLE HOLLANDAISE.

152. — *Portrait de femme*.

Bois. — Haut. 41 cent.; larg. 32 cent.
Collection de M. CHARLES PILLET.

153. — *Portrait d'homme*.

Bois. — Haut. 41 cent.; larg. 32 cent.
Collection de M. CHARLES PILLET.

KONING (PHILIPS)

Né à Amsterdam en 1619; mort dans la même ville en 1689.
ÉCOLE HOLLANDAISE.

154. — *Paysage*.

Ce tableau provient de la collection L. Viardot.

Toile. — Haut. 65 cent.; larg. 83 cent.
Collection de M. GUSTAVE ROTHAN.

LANCRET (NICOLAS)

Né à Paris en 1690; mort dans la même ville en 1743. — ÉCOLE FRANÇAISE.

155. — *La Courtisane*.

Toile ovale. — Haut. 55 cent.; larg. 45 cent.
Collection de M. GUSTAVE ROTHAN.

156. — *Le Faucon* (conte de *La Fontaine*).

Ce tableau provient de la collection du prince Radziwill.

Cuivre. — Haut. 27 cent.; larg. 35 cent.
Collection de M. le baron EDMOND DE BEURNONVILLE.

157. — *Nicaise* (conte de *La Fontaine*).

Ce tableau provient de la collection du prince Radziwill et Odiot.

Cuivre. — Haut. 27 cent.; larg. 35 cent.
Collection de M. le baron EDMOND DE BEURNONVILLE.

LARGILLIÈRE (NICOLAS DE)

Né à Paris en 1656; mort en 1746. — École Française.

158. — *Portrait de l'Artiste (peint en 1710).*

Toile. — Haut. 90 cent.; larg. 74 cent.
Collection de M. Gustave Rothan.

159. — *Portrait de femme.*

Toile ovale. — Haut. 70 cent.; larg. 60 cent.
Collection de M. Gustave Rothan.

160. — *Portrait de Mlle Duclos, artiste de la Comédie française.*

Toile. — Haut. 82 cent.; larg. 72 cent.
Collection de M. Gustave Rothan.

LE BOUTEUX (P.-M.)

École Française. (XVIIIe siècle).

161. — *Le Lever.*

Signé et daté 1733.

Toile. — Haut. 1 m. 12 c.; larg. 1 m. 12 c.
Collection de M. le marquis de Biencourt.

162. — *La Toilette.*

Signé et daté 1733.

Toile. — Haut. 1 m. 12 c.; larg. 1 m. 12 c.
Collection de M. le marquis de Biencourt.

LE BRUN (Mme ÉLISABETH-LOUISE VIGÉE)

Née à Paris en 1755; morte en 1842. — École Française.

163. — *Portrait de Mlle B***.*

Daté 1785.

Toile. — Haut. 55 cent.; larg. 45 cent.
Collection de M. Gustave Rothan.

LE BRUN (Mme ÉLISABETH-LOUISE VIGÉE)

164. — Portrait de la reine Marie-Antoinette.

Toile. — Haut. 92 cent.; larg. 73 cent.
Collection de M. le marquis DE BIENCOURT.

165. — Portrait de Mme Rousseau et de sa fille.

Daté 1789.

Haut. 1 m. 15 c.; larg. 85 cent.
Collection de M. MICHEL HEINE.

LE MOYNE (FRANÇOIS)

Né à Paris en 1688; mort en 1737. — ÉCOLE FRANÇAISE.

166. — Le Temps enlevant la Jeunesse (composition allégorique).

Toile. — Haut. 2 mèt.; larg. 1 m. 50 c.
Collection de M. GARIEL.

LÉPICIÉ (NICOLAS-BERNARD)

Né à Paris en 1735; mort en 1784. — ÉCOLE FRANÇAISE.

167. — La Bouillie.

Ce tableau provient de la collection Boitelle.

Bois. — Haut. 43 cent.; larg. 36 cent.
Collection de M. GUSTAVE ROTHAN.

LE PRINCE (JEAN-BAPTISTE)

Né à Metz en 1733; mort à St-Denis-du-Port, près Lagny, en 1781. ÉCOLE FRANÇAISE.

168. — Danses russes.

Signé et daté 1768.

Toile ovale. — Haut. 43 cent.; larg. 35 cent.
Collection de M. GUSTAVE ROTHAN.

LE PRINCE (JEAN-BAPTISTE)

169. — *La Balançoire.*

Signé et daté 1768. — Ce tableau sert de pendant au précédent.

Toile ovale. — Haut. 43 cent.; larg. 35 cent.
Collection de M. Gustave Rothan.

170. — *Le Marchand d'Esclaves.*

Daté 1778. — Ce tableau provient de la collection de Mme la duchesse de Raguse.

Toile. — Haut. 80 cent.; larg. 1 m. 05 c.
Collection de M. Michel Heine.

171. — *Fête de Village.*

Daté 1777. — Ce tableau provient de la collection de Mme duchesse de Raguse.

Toile. — Haut. 80 cent., larg. 1 m. 05 c.
Collection de M. Michel Heine.

MAES (NICOLAS)

Né à Dordrecht en 1632; mort dans la même ville en 1715.
École Hollandaise.

172. — *La Dentelière endormie.*

Toile. — Haut. 1 m. 35 c.; larg. 1 m. 05 c.
Collection de Mme Evans-Lombe de Bylaugh.

173. — *Portrait de Cornelis Bloemart (le vieux), architecte de la ville de Dordrecht.*

Toile. — Haut. 1 m. 25 c.; larg. 1 mèt.
Collection de M. Edouard André.

174. — *Portrait de jeune Dame dans un paysage.*

Toile. — Haut. 60 cent.; larg. 50 cent.
Collection de M. le baron Edmond de Beurnonville.

MARILHAT (PROSPER)

Né à Vertaison (Puy-de-Dôme) en 1811 ; mort à Paris en 1847.
ÉCOLE FRANÇAISE.

175. — Le Bosphore, Soleil couchant.

Toile. — Haut. 1 m. 58 c. ; larg. 2 m. 20 c.
Collection de M. GARIEL.

176. — Le Troupeau de Chèvres.

Bois. — Haut. 24 cent.; larg. 18 cent.
Collection de M. EDOUARD ANDRÉ.

177. — Halte de caravane à une Fontaine.

Bois. — Haut. 34 cent.; larg. 49 cent.
Collection de M. le baron GÉRARD.

MEMLING (attribué à HANS)

Né (?)   ; mort vers 1495. — ÉCOLE FLAMANDE.

178. — Portrait de Femme.

Bois. — Haut. 36 cent.; larg. 27 cent.
Collection de M. le baron EDMOND DE BEURNONVILLE.

179. — Portrait présumé de Maximilien d'Autriche.

Ce tableau provient de la collection du duc Tascher de la Pagerie.
Bois. — Haut. 26 cent.; larg. 20 cent.
Collection de M. le baron EDMOND DE BEURNONVILLE.

MIGNON (ABRAHAM)

Né à Francfort en 1637 ; — mort à Wedzlar en 1679. ÉCOLE ALLEMANDE.

180. — Fruits et Insectes.

Ce tableau provient de la collection de l'impératrice Joséphine.
Toile. — Haut. 74 cent.; larg. 61 cent.
Collection de M. GUSTAVE ROTHAN.

MIREVELT (MICHIEL-JANSZ)

Né à Delft en 1568; mort dans la même ville en 1611.
ÉCOLE HOLLANDAISE.

181. — Portrait de Barnevelt.

Bois. — Haut. 57 cent.; larg. 51 cent.
Collection de M. le marquis DE BIENCOURT.

182. — Portrait d'homme.

Toile. — Haut. 1 m. 10 c.; larg. 83 cent.
Collection de M. REDRON.

183. — Portrait de femme.

Ce tableau sert de pendant au précédent.

Toile. — Haut. 1 m. 10 c.; larg. 83 cent.
Collection de M. REDRON.

MOREAU (LOUIS-GABRIEL)

Né à Paris en 1740; mort en 1806. — ÉCOLE FRANÇAISE.

184. — La Chaumière.

Signé et daté 1779.

Toile. — Haut. 31 cent.; larg. 40 cent.
Collection de M. G. ROTHAN.

MOREAU (JEAN-MARIE).
ÉCOLE FRANÇAISE.

185. — Sujet tiré de la Nouvelle Héloïse, de J.-J. Rousseau.

Toile. — Haut. 25 cent.; larg. 20 cent.
Collection de M. GUSTAVE ROTHAN.

186. — Sujet tiré de la Nouvelle Héloïse.

Ce tableau sert de pendant au précédent.

Toile. — Haut. 25 cent,; larg. 20 cent.
Collection de M. GUSTAVE ROTHAN.

MORO (attribué à ANTONIO VAN DASHORST, dit)

Né à Utrecht en 1512; mort à Anvers en 1581. — École Hollandaise.

187. — Portrait d'homme tenant une épée.

Ce portrait qui provient de la collection de M. de Rosière a été également attribué à Lorenzo Lotto.

Bois. — Haut. 75 cent.; larg. 53 cent.

Collection de M. le baron Edmond de Beurnonville.

MORO (Genre d'ANTONIO)

188. — Dame florentine.

Toile. — Haut. 1 mètre; larg. 80 cent.

Collection de M. le marquis de Biencourt.

MOSTAERT (JEAN)

Né à Harlem en 1474; mort dans la même ville en 1555.
École Hollandaise.

189. — Portrait de Marguerite d'Autriche, gouvernante des Pays-Bas.

Bois. — Haut. 93 cent.; larg. 72 cent.

Collection de M. le baron Edmond de Beurnonville.

MOUCHERON (FRÉDÉRIC)

Né à Embden en 1631; mort à Amsterdam en 1686. — École Hollandaise.

190. — Le Pont de bois.

Toile. — Haut. 62 cent.; larg. 75 cent.

Collection de M. Gustave Rothan.

MURILLO (BARTOLOMÉ-ESTEBAN)

Né à Séville en 1616; mort en 1682. — École Espagnole.

191. — Bergers et Troupeau dans un Paysage.

Ce tableau provient de la collection Aguado.

Toile. — Haut. 105 cent.; larg. 150 cent.

Collection de M. le baron Edmond de Beurnonville.

NATTIER (JEAN-MARC)

Né à Paris en 1685 ; mort dans la même ville en 1766. — ÉCOLE FRANÇAISE.

192. — Portrait de Mme la comtesse de Flessel.

Daté 1747.

Toile. — Haut. 1 m. 55 c.; larg. 1 m. 05 c.
Collection de M. le baron EDMOND DE BEURNONVILLE.

*193. — Portrait de Mme X***.*

Toile ovale. — Haut. 60 cent.; larg. 48 cent.
Collection de M. le baron EDMOND DE BEURNONVILLE.

194. — Portrait allégorique de jeune Femme, représentée avec les attributs de Flore.

Ce tableau provient du château du marquis de Villette.

Toile. — Haut. 90 cent.; larg. 70 cent.
Collection de M. le baron EDMOND DE BEURNONVILLE.

195. — Portrait de Buffon.

Toile. — Haut. 1 m. 35 c.; larg. 1 m. 05 c.
Collection de M. GUSTAVE ROTHAN.

196. — Portrait de Mme de Chateauroux.

Toile ovale. — Haut. 58 cent.; larg. 45 cent.
Collection de M. GUSTAVE ROTHAN.

197. — Portrait de la reine Marie Leczinska.

Ce portrait a été donné par la Reine au marquis de Chalmazel en 1762.

Toile. — Haut. 1 m. 45 c.; larg. 1 m. 12 c.
Collection de M. le marquis DE BIENCOURT.

NEER (AART VAN DER)

Né à Amsterdam en 1613; mort vers 1683. — École Hollandaise.

198. — Vue de Hollande, effet de clair de Lune.

Signé du monogramme.

Toile. — Haut. 65 cent.; larg. 95 cent.
Collection de M. le baron Edmond de Beurnonville.

199. — Un Incendie, soleil couchant.

Bois. — Haut. 18 cent.; larg. 24 cent.
Collection de M. Charles Pillet.

200. — Vue de Hollande, effet d'Hiver.

Ce tableau provient de la collection Louis Viardot.

Toile. — Haut. 58 cent.; larg. 78 cent.
Collection de M. Gustave Rothan.

OCHTERVELT (JACOB)

Élève de Metsu et de Pieter de Noogh; travaillait vers 1669.
École Hollandaise.

201. — Le Duo.

Signé. — Ce tableau provient de la collection Van Loon.

Toile. — Haut. 78 cent.; larg. 63 cent.
Collection de M. Charles Pillet.

202. — Famille hollandaise.

Ce tableau provient de la collection du marquis du Blaisel.

Toile. — Haut. 96 cent.; larg. 88 cent.
Collection de M. le baron de Beurnonville.

OUDRY (JEAN-BAPTISTE)

Né à Paris en 1686; mort à Beauvais en 1755. — École Française.

203. — La Ferme.

Signé et daté 1732.

Toile. — Haut. 65 cent.; larg. 80 cent.
Collection de M. Gustave Rothan.

OUDRY (JEAN-BAPTISTE)

204. — *Troupeau auprès de Constructions en ruine.*

Signé et daté 1732. — Ce tableau sert de pendant au précédent.

Toile. — Haut. 65 cent.; larg. 80 cent.

Collection de M. GUSTAVE ROTHAN.

PAGNEST (AMABLE-LOUIS-CLAUDE)

Né en 1790; mort en 1819. — ÉCOLE FRANÇAISE.

205. — *Portrait de femme.*

Toile. — Haut. 63 cent.; larg. 53 cent.

Collection de M. GUSTAVE ROTHAN.

PAJOU (JACQUES-AUGUSTIN-CATHERINE)

Né à Paris en 1766; mort en 1828. — ÉCOLE FRANÇAISE.

206. — *Portrait du général Championnet.*

Toile. — Haut. 60 cent.; larg. 49 cent.

Collection de M. GUSTAVE ROTHAN.

PALAMÈDESZ (ANTHONIE)

Né à Delft en 1604; mort en 1680. — ÉCOLE HOLLANDAISE.

207. — *Portrait d'homme.*

Signé et daté 1644.

Bois. — Haut. 68 cent.; larg. 60 cent.

Collection de M. GUSTAVE ROTHAN.

PATER (JEAN-BAPTISTE-JOSEPH)

Né à Valenciennes en 1695; mort à Paris en 1736. — ÉCOLE FRANÇAISE.

208. — *Les Personnages de la Comédie-Italienne.*

Ce tableau provient de la collection de M. le marquis de Banneville.

Toile. — Haut. 1 m. 28 c.; larg. 72 cent.

Collection de M. GUSTAVE ROTHAN.

PATER (JEAN-BAPTISTE-JOSEPH)

209. — *L'Enseigne de Gersaint.*

D'après Antoine Watteau.

Toile. — Haut. 50 cent.; larg. 84 cent.
Collection de M. Charles Pillet.

PERRONNEAU (JEAN-BAPTISTE)

Né vers 1715; mort en 1783. — École Française.

210. — *Portrait de femme.*

Toile ovale. — Haut. 78 cent.; larg. 60 cent.
Collection de M. Michel Heine.

PLATZER (JEAN-VICTOR)

Né en 1704; mort en 1767. — École Allemande.

211. — *Alexandre venant saluer le grand prêtre de Jérusalem.*

Signé.

Cuivre. — Haut. 65 cent.; larg. 94 cent.
Collection de M. le baron Edmond de Beurnonville.

212. — *Entrevue d'Alexandre avec la reine des Amazones.*

Signé.

Cuivre. — Haut. 65 cent.; larg. 94 cent.
Collection de M. le baron Edmond de Beurnonville.

POEL (EGBERT VAN DER)

Né à Rotterdam; les dates de sa naissance et de sa mort sont inconnues. xviiᵉ siècle. — École Hollandaise

213. — *Explosion de la Poudrière de Delft.*

Signé et daté 1654.

Bois. — Haut. 23 cent.; larg. 34 cent.
Collection de M. Charles Pillet

PORBUS (FRANZ), dit le Vieux (attribué à)
Né à Bruges en 1540; mort à Anvers en 1580. — ÉCOLE FLAMANDE.

214. — Portrait de femme.

Daté 1557.

Toile. — Haut. 48 cent.; larg. 36 cent.
Collection de M. GUSTAVE ROTHAN.

PORBUS (FRANZ), dit le Jeune
Né à Anvers en 1570; mort à Paris en 1622. — ÉCOLE FLAMANDE

215. — Portrait du duc de Guise, dit le Balafré.

Bois. — Haut. 32 cent.; larg. 27 cent.
Collection de M. le marquis DE BIENCOURT.

216. — Portrait présumé du duc d'Albe.

Toile. — Haut. 80 cent.; larg. 75 cent.
Collection de M. GUSTAVE ROTHAN.

217. — Portrait de Marie de Médicis.

Toile. — Haut. 2 m. 15; larg. 1 m. 24.
Collection de M. GUSTAVE ROTHAN

218. — Portrait d'une Princesse.

Toile. — Haut. 56 cent.; larg. 45 cent.
Collection de M. GUSTAVE ROTHAN.

PORBUS (d'après F.)

219. — Portrait du roy Henri IV.

Toile. — Haut. 54 cent.; larg. 47 cent.
Collection de M. le marquis DE BIENCOURT.

PORBUS (École de)

220. — Portrait de femme.

Toile. — Haut. 1 m. 08 c.; larg. 78 cent.

Collection de M. le baron Ed. de Beurnonville.

POT (HENRI)

Né à Harlem 1600; mort en 1656. — École Hollandaise.

221. — Un Officier.

Bois ovale. — Haut. 53 cent.; larg. 38 cent.

Collection de M. Gustave Rothan.

POTTER (PAULUS)

Né à Enckhuysen en 1625; mort à Amsterdam en 1654.
École Hollandaise.

222. — Chèvres au repos.

Ce tableau provient des collections du duc de Choiseul et du duc de Morny.

Bois. — Haut. 23 cent.; larg. 25 cent.

Collection de M. Édouard André.

POUSSIN (NICOLAS)

Né aux Andelys en 1594; mort à Rome en 1665. — École Française.

223. — Le Repos de la Sainte Famille.

Ce tableau provient des collections du cardinal Fesch et Forcade de Marseille. — Gravé par Morghen.

Toile. — Haut. 82 cent.; larg. 1 m. 05 c.

Collection de M. le marquis de Chennevières.

PRETI (MATTIA), dit le CALABRÈSE ou le CHEVALIER MALTAIS
(attribué à)

Né à Taverna dans la Calabre en 1613; mort à Malte en 1699.
École Napolitaine.

224. — Armures et Vases d'or.

Au fond l'on voit le portrait de l'artiste.

Toile. — Haut. 1 m. 55 c.; larg. 1 m. 70 c.

Collection de M. le baron Gérard.

PRUD'HON (PIERRE-PAUL)

Né à Cluny en 1758; mort à Paris en en 1823. — ÉCOLE FRANÇAISE.

225. — Andromaque.

Esquisse d'une composition commandée par l'impératrice Marie-Louise. — Ce tableau provient des collections Van Cuyck. Marmontel et Laurent Richard.

Toile. — Haut. 22 cent. : larg. 27 cent.

Collection de M. le baron GÉRARD.

226. — Portrait du prince de Talleyrand en costume de grand Électeur (esquisse).

Toile. — Haut. 24 cent. ; larg. 16 cent.

Collection de M. GUSTAVE ROTHAN.

QUESNEL (FRANÇOIS)

Né à Édimbourg vers 1543 ; mort à Paris en 1619. — ÉCOLE FRANÇAISE.

227. — Portrait de Jeanne d'Albret.

Daté 1563.

Bois. — Haut. 30 cent. ; larg. 21 cent.

Collection de M. le marquis DE BIENCOURT.

QUESNEL (attribué à)

228. — Portrait d'Anne, duc de Joyeuse.

Bois. — Haut. 31 cent. ; larg. 24 cent.

Collection de M. le marquis DE BIENCOURT.

RAVESTEIN (JOHANNES VAN)

Né à La Haye en 1572 ou 1580 : mort à La Haye en 1657. ÉCOLE HOLLANDAISE.

229. — Portrait de femme.

Bois ovale. — Haut. 36 cent. ; larg. 31 cent.

Collection de M. ÉDOUARD ANDRÉ.

REMBRANDT (VAN RYN)

Né près de Leyde en 1608; mort à Amsterdam en 1669. — ÉCOLE HOLLANDAISE.

230. — *Portrait du docteur Arnoldus Tholinx.*

Signé et daté 1653. — Ce tableau provient de la collection Van Brienen (1865).

Toile. — Haut. 76 cent.; larg. 62 cent.

Collection de M. ÉDOUARD ANDRÉ.

231. — *Portrait du Maître.*

Signé et daté 16... — Ce tableau provient des collections du comte de Carrysfort et de Samuel Rogers.

Bois. — Haut. 61 cent.; larg. 51 cent.

Collection de Mme Evans LOMBE DE BYLAUGH.

REYNOLDS (sir JOSUA)

Né à Plymouth en 1723; mort en 1792. — ÉCOLE ANGLAISE.

232. — *Portrait de Gauthier, conseiller du roi.*

Toile ovale. — Haut. 73 cent.; larg. 63 cent.

Collection de Mme Evans LOMBE DE BYLAUGH.

RIBERA (GIUSEPPE), dit l'ESPAGNOLET

Né près de Valence en 1588; mort à Naples en 1654. ÉCOLE ESPAGNOLE.

233. — *Saint Pierre et saint Paul.*

Toile. — 1 m. 25 c.; larg. 1 m. 03 c.

Collection de M. GUSTAVE ROTHAN.

RIGAUD (HYACINTHE)

Né à Perpignan en 1659; mort à Paris en 1743. — ÉCOLE FRANÇAISE.

234. — *Portrait d'un Seigneur du temps de Louis XIV.*

Toile ovale. — Haut. 80 cent.; larg. 65 cent.

Collection de M. GUSTAVE ROTHAN.

RICAUD (HYACINTHE)

235. — *Portrait d'un Maréchal de France.*

> Toile ovale. — Haut. 80 cent.; larg. 65 cent.
> Collection de M. le baron EDMOND DE BEURNONVILLE.

236. — *Portrait du maréchal Villeroy.*

> Toile. — Haut. 80 cent.; larg. 65 cent.
> Collection de M. le baron EDMOND DE BEURNONVILLE.

ROBERT (HUBERT)
Né à Paris en 1733; mort dans la même ville en 1808. — ECOLE FRANÇAISE.

237. — *Cascades sous des Rochers.*

> Ce tableau provient de la collection Oppenheim.
> Toile. — Haut. 2 m. 90 c.; larg. 1 m. 10 c.
> Collection de M. GODEFROY.

238. — *Obélisque et Temple en ruines.*

> Ce tableau provient de la collection Oppenheim.
> Toile. — Haut. 2 m. 90 c.; larg. 1 m. 10 c.
> Collection de M. GODEFROY.

239. — *La Fontaine.*

> Bois. — Haut. 24 cent.; larg. 33 cent.
> Collection de M. GUSTAVE ROTHAN.

ROBERT (LOUIS-LÉOPOLD)
Né à Chaux-de-Fonds en 1794; mort à Venise en 1835.
ECOLE FRANÇAISE.

240. — *Attaque de Brigands italiens.*

> Toile. — Haut. 76 cent.; larg. 65 cent.
> Collection de M. le baron EDMOND DE BEURNONVILLE.

ROBERT (LOUIS LÉOPOLD)

241. — *Femme italienne pleurant sa Fille.*

> Toile. — Haut. 45 cent.; larg. 35 cent.
> Collection de M. le baron GÉRARD.

ROMAIN (GIULIO PIPPI dit JULES)

Né à Rome en 1499; mort en 1546. — ÉCOLE ROMAINE.

242. — *Le Spasimo.*

Copie du grand tableau de Raphaël Sanzio qui figure au Musée de Madrid.

> Toile. — Haut. 3 m. 25.; larg. 2 m. 20 c.
> Collection de M. le comte DE NOÉ.

ROUSSEAU (THÉODORE)

Né à Paris en 1812; mort à Barbizon en 1867. — ÉCOLE FRANÇAISE.

243. — *L'Automne; Bruyères.*

> Bois. — Haut. 15 cent.; larg. 26 cent.
> Collection de M. COTTIER.

244. — *La Chaîne des Pyrénées.*

> Bois. — Haut. 22 cent.; larg. 27 cent.
> Collection de M. ÉDOUARD ANDRÉ.

245. — *Fontainebleau; les gros Chênes.*

Ce tableau provient de la collection du duc de Morny.

> Toile. — Haut. 63 cent.; larg. 98 cent.
> Collection de M. ÉDOUARD ANDRÉ.

246. — *Pâturages, effet de matin.*

> Bois. — Haut. 42 cent.; larg. 62 cent.
> Collection de M. GARIEL.

247. — *Vue de Barbizon, Soleil couchant.*

> Bois. — Haut. 40 cent.; larg. 63 cent.
> Collection de M. GARIEL.

ROUSSEAU (THÉODORE)

248. — Le Soir.

Vente Laurent Richard (1878).

Bois. — Haut. 40 cent.; larg. 62 cent.
Collection de M. le baron EDMOND DE BEURNONVILLE.

249. — Le Givre, hauteurs de Valmondois, près l'Isle-Adam..

Ce tableau provient des ventes Troyon et Laurent Richard (1878).

Toile. — Haut. 41 cent.; larg. 97 cent.
Collection de M. le baron EDMOND DE BEURNONVILLE.

250. — Les Bûcheronnes.

Toile. — Haut. 78 cent.; larg. 1 m. 03 c.
Collection de M. le baron EDMOND DE BEURNONVILLE.

RUBENS (PIERRE-PAUL)

Né à Siegen (Westphalie) en 1577; mort à Anvers en 1640. — ÉCOLE FLAMANDE.

251. — Mercure et Argus.

Esquisse d'une grande composition pour le plafond d'une des salles du palais de White-Hall.

Bois. — Haut. 63 cent.; larg. 52 cent.
Collection de M. le baron EDMOND DE BEURNONVILLE.

252. — La Tempérance tenant enchaîné le Démon des Passions.

(Esquisse pour un plafond du palais de White-Hall).

Bois. — Haut. 47 cent.; larg. 40 cent.
Collection de M. le baron EDMOND DE BEURNONVILLE.

RUBENS (École de PIERRE-PAUL)

253. — Portrait de la reine Élisabeth.

Toile. — Haut. 55 cent.; larg. 46 cent.

Collection de M. DE BIENCOURT.

RUYSDAEL (SALOMON)

Né à Harlem en 1610; mort en 1670. — ÉCOLE HOLLANDAISE.

254. — Rivière hollandaise.

Bois. — Haut. 33 cent.; larg. 53 cent.

Collection de M. le baron EDMOND DE BEURNONVILLE.

255. — La Meuse.

Bois. — Haut. 47 cent.; larg. 63 cent.

Collection de M. GUSTAVE ROTHAN.

RUYSDAEL (JACOB)

Né à Harlem vers 1630; mort en 1681. — ÉCOLE HOLLANDAISE.

256. — Le Moulin, effet de neige.

Signé.

Toile. — Haut. 43 cent.; larg. 52 cent.

Collection de M. GUSTAVE ROTHAN.

257. — Le Champ de Blé.

Signé. — Ce tableau provient de la collection Viardot; il forme pendant avec le précédent.

Toile. — Haut. 45 cent.; largeur 55 cent.

Collection de M. GUSTAVE ROTHAN.

SACCHI (ANDRÉ)

Né à Rome en 1598; mort en 1661. — ÉCOLE ROMAINE.

258. — Portrait d'un Religieux.

Toile. — Haut. 1 mèt. 35 cent.; larg. 98 cent.

Collection de M. GUSTAVE ROTHAN.

SAINT-JEAN (SIMON)

Né à Lyon en 1808; mort en 1860. — ÉCOLE FRANÇAISE.

258 bis. — *Bouquet de fleurs.*

Signé et daté.

Toile. — Haut. 1 m. 20 c.; larg. 93 cent.
Collection de M. le baron GÉRARD.

SEGHERS (DANIEL, dit le JÉSUITE D'ANVERS)

Né à Anvers en 1590; mort en 1661. — ÉCOLE FLAMANDE.

259. — *Guirlande de fleurs.*

Toile. — Haut. 1 mèt. 45; larg. 1 mèt. 20 cent.
Collection de M. le baron EDMOND DE BEURNONVILLE.

SEGHERS (DANIEL) et SCHUT (CORNEILLE)

Né à Anvers en 1594; mort en 1635. — ÉCOLE FLAMANDE.

260. — *La Sainte Famille entourée d'une guirlande de fruits et de fleurs.*

Bois. — Haut. 1 mèt. 3 cent.; larg. 73 cent.
Collection de M. GUSTAVE ROTHAN.

SNEYDERS (FRANZ)

Né à Anvers en 1579; mort en 1657. — ÉCOLE FLAMANDE.

261. — *Chasse au Cerf.*

Toile. — Haut. 1 m. 50 c.; larg. 2 m. 20 c.
Collection du baron EDMOND DE BEURNONVILLE.

262. — *Corbeille de Fruits.*

Ce tableau provient de la collection Camille Marcille.

Toic. — Haut. 1 m. 15 c.; larg. 90 cent.
Collection de M. GUSTAVE ROTHAN.

STEEN (JAN VAN)

Né à Leyde en 1636 ; mort à Delft en 1639. — École Hollandaise.

263. — Jésus chassant les Vendeurs du Temple.

Ce tableau provient de la collection de M. Lemaître trésorier général à Laon.

Toile. — Haut. 78 cent.; larg. 1 m. 08 c.
Collection de M. Gustave Rothan.

SUSTERMANS (JUSTE)

Né à Anvers en 1597 ; mort à Florence en 1681. — École Flamande.

264. — Portrait de femme.

Toile. — Haut. 90 cent.; larg. 72 cent.
Collection de M. Gustave Rothan.

SWEBACH DE FONTAINE (JACQUES-FRANÇOIS-JOSEPH)

Né à Metz en 1769 ; mort en 1823. — École Française.

265. — Chasse au Cerf.

Bois. — Haut. 16 cent.; larg. 23 cent.
Collection de M. Gustave Rothan.

TASSAERT (NICOLAS-FRANÇOIS-OCTAVE)

Né à Paris en 1800 ; mort en 1874. — École Française.

266. — Les Derniers Moments de la Grand'Mère.

Signé et daté 1853.

Toile. — Haut. 75 cent.; larg. 61 cent.
Collection de M. Rederon.

TAUNAY (NICOLAS-ANTOINE)

Né à Paris en 1755 ; mort dans la même ville en 1830. — École Française.

267. — Le Naufrage.

Bois. — Haut. 15 cent.; larg. 22 cent.
Collection de M. Gustave Rothan.

TAUNAY (NICOLAS-ANTOINE)

268. — La Rixe.

Toile. — Haut. 32 cent.; larg. 21 cent.

Collection de M. CHARLES PILLET.

TÉNIERS (DAVID)

Né à Anvers en 1610; mort à Perk en 1689. — ÉCOLE FLAMANDE.

269. — Les Joueurs de Tric-Trac.

Ce tableau provient de la collection Simonnet, à Bruxelles.

Bois. — Haut. 23 cent.; larg. 33 cent.

Collection de M. CHARLES PILLET.

270. — La Ferme.

Cuivre. — Haut. 68 cent.; larg. 64 cent.

Collection de M. le baron EDMOND DE BEURNONVILLE.

271. — Les Joueurs de Cartes.

Bois. — Haut. 38 c.; larg. 53 cent.

Collection de M. le baron EDMOND DE BEURNONVILLE.

TERBURG (GÉRARD)

Né à Zwol en 1608; mort à Deventer en 1681. — ÉCOLE HOLLANDAISE.

272. — L'Estafette.

Ce tableau provient des collections Schonborn de Pomersfelden, et Merton.

Toile. — Haut. 75 cent.; larg. 50 cent.

Collection de M. le baron EDMOND DE BEURNONVILLE.

TIEPOLO (GIAMBATTISTA)

Né à Venise en 1693; mort à Madrid en 1770. — ÉCOLE VÉNITIENNE.

273. — Vénus commandant des armes à Vulcain.

Toile. — Haut. 68 cent.; larg. 82 cent.

Collection de M. le baron EDMOND DE BEURNONVILLE.

TIEPOLO (GIAMBATTISTA)

274. — *Triomphe de Flore.*

Ce tableau provient de la collection Heineeken.

Toile. — Haut. 74 cent.; larg. 94 cent.
Collection de M. le baron EDMOND DE BEURNONVILLE.

275. — *Évêque en prière.*

Toile. — Haut. 60 cent.; larg. 35 cent.
Collection de M. GUSTAVE ROTHAN.

TOCQUÉ (LOUIS)

Né en 1696 ; mort au Louvre en 1772. — ÉCOLE FRANÇAISE.

276. — *Portrait du duc de Richelieu.*

Toile. — Haut. 80 cent.; larg. 63 cent.
Collection de M. GUSTAVE ROTHAN.

TOURNIÈRES (ROBERT)

Né à Caen en 1668; mort dans la même ville en 1752. — ÉCOLE FRANÇAISE.

277. — *Portrait du prince Eugène de Savoie.*

Taile. — Haut. 71 cent.; larg. 63 cent.
Collection de M. le marquis DE BIENCOURT

TROYON (CONSTANT)

Né à Sèvres en 1813 ; mort à Paris en 1865. — ÉCOLE FRANÇAISE.

278. — *L'Abreuvoir.*

Daté 1851.

Toile. — Haut. 92 cent.; larg. 75 cent.
Collection de M. ÉDOUARD ANDRÉ.

279. — *La Provende des Poules.*

Ce tableau provient de collection Lambertye.

Toile. — Haut. 50 cent.; larg. 68 cent.
Collection de M. ÉDOUARD ANDRÉ.

TROYON (CONSTANT)

280. — *L'Approche de l'Orage.*

Bois. — Haut. 41 cent.; larg. 32 cent.
Collection de M. ÉDOUARD ANDRÉ.

281. — *Vaches et Moutons; Troupeau en marche.*

Daté 1851.

Toile. — Haut. 65 cent.; larg. 98 cent.
Collection de M. REDBON.

281 bis. — *Le Labourage.*

Ce tableau provient de la collection Hartmann.

Toile. — Haut. 95 cent.; larg. 1 m. 35 c.
Collection de M. REDBON.

282. — *Paysanne faisant l'aumône.*

Toile. — Haut. 80 cent.; larg. 65 cent.
Collection de M. GARIEL.

283. — *Vaches au pâturage.*

Ce tableau provient de la vente Troyon.

Toile. — Haut. 78 cent.; larg. 1 mètre.
Collection de M. GARIEL.

284. — *Le Soir; le Retour du troupeau.*

Daté 1855. — Ce tableau provient de la vente Laurent-Richard (1878).

Toile. — Haut. 49 cent.; larg. 78 cent.
Collection de M. le baron EDMOND DE BEURNONVILLE.

285. — *Vaches et Canards.*

Bois. — Haut. 56 cent.; larg. 65 cent.
Collection de M. BOUCHERON.

VANDAEL (JEAN-FRANÇOIS)

Né à Anvers en 1764 ; mort à Paris en 1840. — ÉCOLE FLAMANDE.

286. — Fruits et Fleurs dans un vase de marbre, posés sur une console.

Signé et daté 1811.

Toile. — Haut. 1 m. 05 c., larg. 80 cent.

Collection de M. GUSTAVE ROTHAN.

VAN LOO (CHARLES-ANDRÉ) dit Carle

Né à Nice en 1715 ; mort à Paris en 1765. — ÉCOLE FRANÇAISE.

287. — Carle Vanloo et sa famille.

Toile. — Haut. 2 m. 45 c. ; larg. 1 m. 63 c.

Appartient à l'ÉCOLE NATIONALE DES ARTS DÉCORATIFS.

VAN DEN VELDE (ADRIEN)

Né à Amsterdam en 1639 ; mort dans la même ville en 1672.
ÉCOLE HOLLANDAISE.

Et MOUCHERON (FREDERICK)

Né à Embden en 1633 ; mort à Amsterdam en 1686.
ÉCOLE HOLLANDAISE.

288. — Personnages dans un Parc.

Ce tableau provient de la collection Koucheleff de Saint-Pétersbourg.

Toile. — Haut. 70 cent. ; larg. 60 cent.

Collection de M. GUSTAVE ROTHAN.

VERNET (JOSEPH-CLAUDE)

Né à Avignon en 1714 ; mort au Louvre en 1789. — ÉCOLE FRANÇAISE.

289. — La Tempête.

Toile. — Haut. 30 cent. ; larg. 40 cent.

Collection de M. GUSTAVE ROTHAN.

VESTIER (ANTOINE)

Né à Avallon en 1740 ; mort à Paris en 1824. — ÉCOLE FRANÇAISE.

290. — Portrait de jeune femme.

Toile. — Haut. 72 cent. ; larg. 60 cent.

Collection de M. ÉDOUARD ANDRÉ.

VESTIER (ANTOINE

291. — *Portrait de Mlle de Lespinasse.*

Toile ovale. — Haut. 60 cent.; larg. 50 cent.
Collection de M. Gustave Rothan.

292. — *Portrait de Mme Roland.*

Toile ovale. — Haut. 70 cent.; larg. 55 cent.
Collection de M. le baron Edmond de Beurnonville.

293. — *Portrait d'une Dame et de ses Enfants.*

Signé et daté 1789.

Toile. — Haut. 1 m. 28 c.; larg. 96 c.
Collection de M. Charles Pillet.

WEENIX (JEAN-BAPTISTE)

Né à Amsterdam en 1621; mort en 1660. — École Hollandaise.

294. — *Famille hollandaise dans un Parc.*

Toile. — Haut. 1 m. 50 c.; larg. 1 m. 80 c.
Collection de M. le baron Edmond de Beurnonville.

295. — *Le Retour de la Chasse.*

Bois. — Haut. 86 cent.; larg. 73 cent.
Collection de M. le baron Edmond de Beurnonville.

296. — *Personnages au bord de la Mer.*

Toile. — Haut. 69 cent.; larg. 1 m. 10.
Collection de M. Gustave Rothan.

297. — *Entrée d'un Palais.*

Toile. — Haut. 74 cent.; larg. 60 cent.
Collection de M. Gustave Rothan.

WITTE (EMMANUEL DE)

Né à Alkmaar en 1607; mort en 1692. — ECOLE HOLLANDAISE.

298. — Le Tombeau de Guillaume le Taciturne.

Signé et daté 1656. — Ce tableau provient des collections Schonborn de Pomersfelden et Merton.

Toile. — Haut. 96 cent.; larg. 84 cent.

Collection de M. GUSTAVE ROTHAN.

WOHLGEMUTH (MICHAEL)

Né à Nuremberg en 1434; mort en en 1519. — ECOLE ALLEMANDE.

299. — Marguerite de Bourgogne, fille unique de Charles le Téméraire, épouse de l'archiduc Maximilien d'Autriche.

Bois. — Haut. 26 cent.; larg. 22 cent.

Collection de M. le marquis DE BIENCOURT.

WOUWERMAN (PHILIPS)

Né à Harlem en 1620; mort en 1668. — ECOLE HOLLANDAISE.

300. — Villageois en voyage.

Ce tableau provient des collections Schonborn de Pomersfelden et Merton.

Toile. — Haut. 47 cent.; larg. 37 cent.

Collection de M. le baron EDMOND DE BEURNONVILLE.

301. — Relais flamand.

Signé du monogramme. — Ce tableau provient des collections du comte de Brühl et Max Kahn.

Toile. — Haut. 50 cent.; larg. 56 cent.

Collection de M. le baron EDMOND DE BEURNONVILLE.

WINANTZ (JAN)

Né à Harlem vers 1600; mort après 1677. — ÉCOLE HOLLANDAISE.

ET

LINGELBACH (JOHANNES)

Né à Francfort-sur-le-Mein en 1625; mort à Amsterdam en 1687. — ÉCOLE HOLLANDAISE.

302. — Au bord d'une Mare.

Signé et daté 1667.

Toile. — Haut. 28 cent.; larg. 38 cent.
Collection de M. G. ROTHAN.

INCONNUS

École de Bruges

303. — La Circoncision.

Ce tableau provient de la collection du comte Villafranca.

Bois. — Haut. 58 cent.; larg. 53 cent.
Collection de M. le baron EDMOND DE BEURNONVILLE.

Ancienne École Française

304. — Portrait de Philippe le Bon, duc de Bourgogne.

Bois. — Haut. 27 cent.; larg. 20 cent.
Collection de M. le marquis DE BIENCOURT.

École Allemande

305. — Portrait de Philippe le Beau, père de l'empereur Charles-Quint.

Ce portrait a été primitivement attribué à Albert Durer.

Bois. — Haut. 45 cent.; larg. 33 cent.
Collection de M. le baron EDMOND DE BEURNONVILLE.

École Vénitienne

306. — Portrait de Bianca Capello.

Bois. — Haut. 92 cent.; larg. 68 cent.
Collection de M. le marquis DE BIENCOURT.

École Hollandaise

307. — Portrait d'homme.

Haut. 71 cent.; larg. 58 cent.
Collection de M. le marquis DE BIENCOURT.

École Française

308. — Portrait du duc de Montmorency et Danville, duc et pair de France.

Toile. — Haut. 55 cent.; larg. 45 cent.
Collection de M. le marquis DE BIENCOURT.

École Française (XVIIe siècle).

309. — Portrait du prince de Condé.

Bois. — Haut. 38 cent.; larg. 31 cent.
Collection de M. le marquis DE BIENCOURT

École Française

310. — Portrait présumé de Marie Stuart.

Bois. — Haut. 26 cent.; larg. 20 cent.
Collection de M. le marquis DE BIENCOURT.

École Française

311. — Portrait de Christophe de Harlay, premier président (1555).

Bois. — Haut. 32 cent.; larg. 24 cent.
Collection de M. le marquis DE BIENCOURT.

École Française (xvie siècle)

312. — Portrait du duc de Bellegarde.

Bois. — Haut. 30 cent.; larg. 25 cent.
Collection de M. le marquis DE BIENCOURT.

École Française.

313. — Portrait de Jean Passerat.

Bois. — Haut. 30 cent.; larg. 23 cent.
Collection de M. le marquis DE BIENCOURT.

314. — Portrait du duc de Guise.

Bois. — Haut. 28 cent.; larg. 18 cent.
Collection de M. le marquis DE BIENCOURT.

315. — Portrait de Marguerite de Navarre.

Toile. — Haut. 30 cent.; larg. 24 cent.
Collection de M. le marquis DE BIENCOURT.

316. — Portrait de Henri III.

Toile. — Haut. 54 cent.; larg. 44 cent.
Collection de M. le marquis DE BIENCOURT.

317. — Portrait de la princesse de Lamballe.

Toile. — Haut. 2 mètres; larg. 1 m. 30 c.
Collection de Madame la comtesse LÉON DE BIENCOURT.

318. — Portrait de la Mère de Mlle Raucourt.

Toile ovale. — Haut. 73 cent.; larg. 57 cent.
Collection de Madame CHRISTIAN.

319. — Portrait d'une Dame tenant une Brochure.

Toile ovale. — Haut. 71 cent.; larg. 60 cent.
Collection de Madame CHRISTIAN.

École Française

320. — *Portrait de femme.*

Toile ovale. — Haut. 62 cent.; larg. 47 cent.
Collection de M. le baron ED. DE BEURNONVILLE.

Inconnus

321. — *Nature morte.*

Ce tableau a été attribué à Velasquez.

Toile. — Haut. 85 cent.; larg 1 m. 15 c.
Collection de M. CHARLES PILLET.

322. — *Portrait de l'impératrice Catherine II.*

Toile. — Haut. 1 m. 00 c.; larg. 88 cent.
Collection de M. le marquis DE BIENCOURT.

LISTE DES AMATEURS

qui ont bien voulu prêter des tableaux

POUR L'EXPOSITION

DU

MUSÉE DES ARTS DÉCORATIFS

MM.
- ANDRÉ (ÉDOUARD).
- BARON (STANISLAS).
- BEURNONVILLE (BARON ED. DE).
- BIENCOURT (MARQUIS DE).
- BIENCOURT (COMTESSE LÉON DE).
- BOUCHERON.
- CHENNEVIÈRES (MARQUIS DE).
- CHRISTIAN (madame).
- COTTIER (MAURICE).
- ÉCOLE DES ARTS DÉCORATIFS.
- GANAY (MARQUIS DE).

MM.
- GANAY (VICOMTE DE).
- GARIEL.
- GÉRARD (BARON).
- GODEFROY (ANTONIN).
- HEINE.
- BYLAUGH (Mme EVANS LOMBE DE).
- MARCILLE (EUDOXE).
- PILLET (CHARLES).
- POMMEREUX (MARQUIS DE).
- REDRON.
- ROTHAN (GUSTAVE).

Imp. de la *Société anonyme de Publications périodiques*, P. Mouillot
13, Quai Voltaire. — Paris. — 12222.

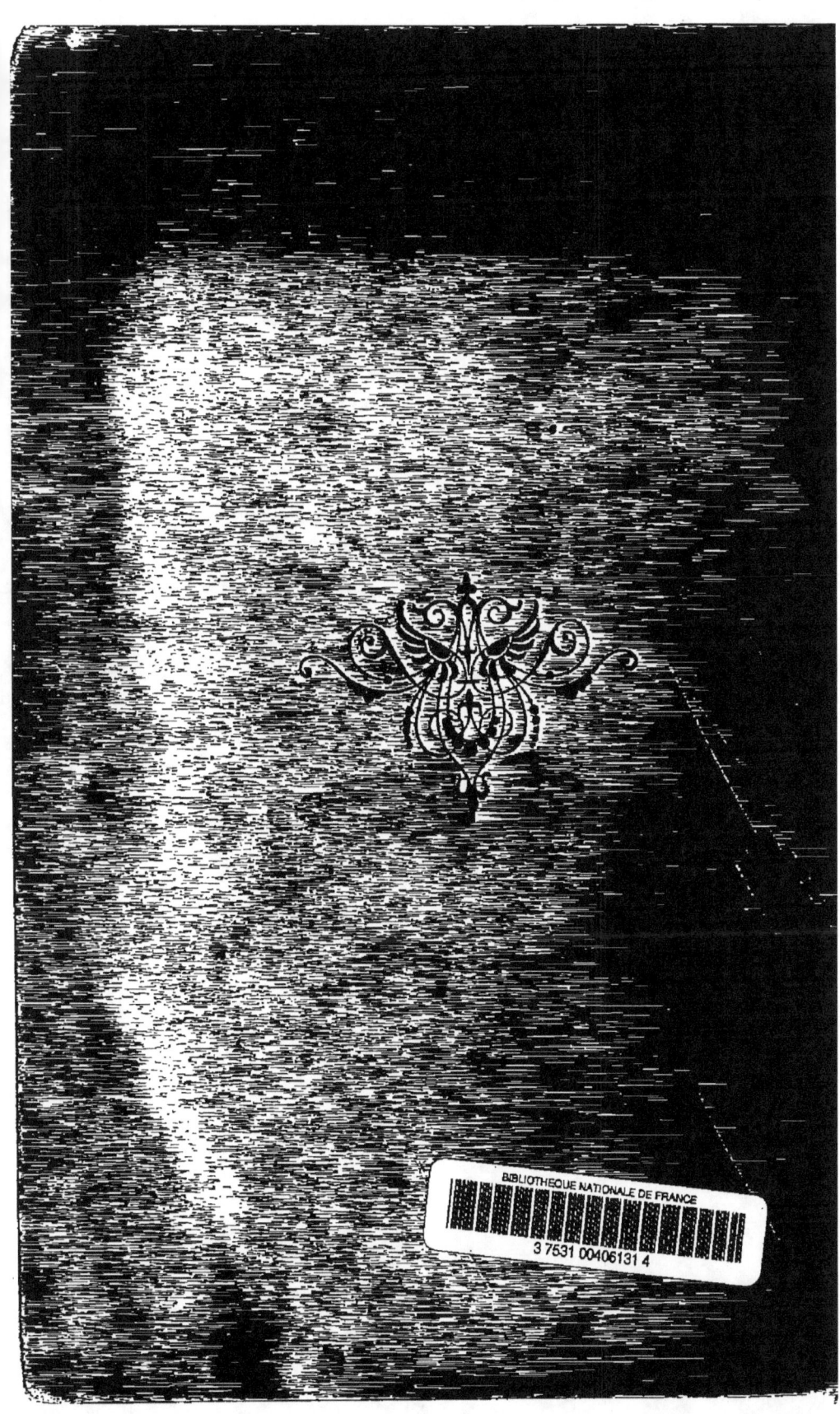